第十一版

決算書読破術

数字の裏に潜むからくりを見ぬき企業の将来を洞察する

齊藤　幸司　著

銀行研修社

はしがき

題して,「決算書読破術」といたします。

決算書読破術とした理由は,つぎの通りです。
すなわち,決算書の作り方,分析の仕方については,いままでに,ずいぶんたくさんの本が刊行されております。
もちろん,すばらしい本も,けっしてすくなくありません。
が,概して,いささか理論的でありすぎ,実務的でないのが多いようです。
そこで,この本では,特に,次のことに意を用いました。
1. 渋谷商事という会社をモデルとしてとりあげ,その会社の決算書を実際に読みながら,決算書の数字のもつ意味,つまり,決算書の数字がなにを,表現しているのか,このことを,徹底して,説明しております。
2. 決算書を読破することによって,決算書から,会社の経営上の問題点を探り出す方法を,具体例で示しております。
3. 税法や,改正商法の取り扱いについても,できるかぎり,ふれております。
4. 決算書には,甘い決算と辛い決算とがあります。
アマイ決算と,カライ決算です。
この両者の差が,決算書のどこに,どのように表れてくるのか,そのポイントを整理しました。
決算書を読破するうえでの,ひとつの大切な注意点なのです。

読者のみなさん。
モデルの会社の決算書を実際に見ながら,とにかく,最後まで読んでみてく

ださい。

　読み通してください。

　そして，決算書読破術を，読者のみなさんご自身のものとして，ぜひとも，マスターしてください。

　著者としてのわたくしの最大のねがいもそこにあるのです。

　　昭和57年4月

　　　　　　　　　　　　　　　　　　　　　　　公認会計士　辻　　　敢

第十一版へのはしがき

　ここに，心を込めて，「決算書読破術」の第十一版をお送りいたします。
　「決算書読破術」の初版から，きわめておおぜいの読者のみなさんに読んでいただきました。
　本当に，ありがとうございました。

　みなさんご案内のように，平成18年5月1日から，新しい「会社法」が施行されました。
　それに伴って，決算書の内容が，

1．貸借対照表	1．貸借対照表
2．損益計算書　　から	2．損益計算書
3．利益処分	3．株主資本等変動計算書
	4．個別注記表

に変わりました。
　また，貸借対照表の区分表示が，

資産	資産
負債　　から	負債
資本	純資産

と変わりました。
　読者のみなさん。
　この「決算書読破術」の第十一版によって，新しい「会社法」による決算書を読みこなす術を，ぜひ，ご自分自身のものとしていただきたい，と心より願っております。

　　平成19年9月

　　　　　　　　　　　　　　　　　　　　　　　税理士　齊藤　幸司

第十一版
決算書読破術　目　次

はしがき

第十一版へのはしがき

序　甘い決算・辛い決算

① たな卸とは……………………………………………………………… 12

　　たな卸／たな卸の目的／たな卸と決算／売価と仕入価格／たな卸商品のキズ／判断の違いと決算書の数字／決算書の裏にかくされたもの

② グローバルスタンダードへのアプローチ………………………… 19

　　連結決算／税効果会計／キャッシュ・フロー計算書／時価会計／研究開発費の会計処理／退職給付会計

第1章　貸借対照表をタテ・ヨコ・ナナメから読む

① 決算書とは……………………………………………………………… 24

　　決算書とはなにか／決算書に触れるチャンス

② 貸借対照表と損益計算書……………………………………………… 27

　　"現在"と"自〜至"／役割とつながり／売上とコスト／決算書の役目／バランスシート（B/S）とは／貸借対照表を読む手順／大きな数字から小さな数字へ／資産合計から売上高を推定する

③ 流動資産・固定資産とは……………………………………………… 39

　　　　流動・固定を分類するカギは現預金／流動資産と固定資
　　　　産／1年以内に回収できそうもない売掛金は？／借入金
　　　　と預金のバランス／すぐに使えない現預金を忘れずに

4　割った手形はどこにある……………………………………………45
　　　　割った手形・裏書した手形の計上／割引手形・裏書手形
　　　　の注記がなぜ必要か／不渡手形と手形遡及義務

5　大切な資産・売掛金…………………………………………………48
　　　　売掛金はキチンと管理されているか／資産項目の内訳／
　　　　回収日数を調べてみる／売掛金の回収状況／回収状況悪
　　　　化の原因／売掛金と買掛金の食い違い／残高確認の実施
　　　　／もはや貸倒損失／法人税法上の定め／売掛金を損に落
　　　　とすには厳しい条件が／債権放棄の通知を出さなかった
　　　　ら／貸倒損失として計上してしまう／不渡手形は半分し
　　　　か落とせない

6　貸倒引当金とは………………………………………………………58
　　　　引当金とは／引当金を理解する／貸倒れをあらかじめ見
　　　　込む／貸倒引当金のその後／貸倒引当金の算出は／法人
　　　　税法が定めた基準／貸倒引当金未計上の理由は／貸倒引
　　　　当金の計上金額は

7　大切な資産・たな卸資産……………………………………………67
　　　　たな卸資産とは・総資産に占める割合／在庫増は金利負
　　　　担増につながる／在庫日数の算出方法／前期との比較を
　　　　忘れずに／たな卸資産の内容と評価／たな卸資産評価と
　　　　売上原価の関係／厳しい法人税上の評価損の計上

8　有価証券の中身………………………………………………………73
　　　　子会社株式は区別／有価証券の中身／含み益とは／株式
　　　　の評価のしかた／購入時の価額で計上／原価主義に固有
　　　　な「含み」／各資産の含みを調べる／値動きと含み／評
　　　　価損を計上する低価法／個別注記表に読みとれる決算の
　　　　姿勢

9　費用を前払いしても資産……………………………………………81
　　　　費用の前払いとは／家賃の前払いがなぜ資産？／前払費
　　　　用を計上しないケース／「重要性の原則」とは？／前払
　　　　金との違い

10　仮払金も堂々と資産に登場 …………………………………… 85
　　　仮払金の正体／法人税仮払処理のケース

11　償却は十分？ ……………………………………………………… 87
　　　有形固定資産のみかた／減価償却の意味／減価償却の計算と計上／耐用年数の求め方／さまざまな減価償却費計算例／法人税法が規定する耐用年数／定率法と定額法／有税償却による辛い決算／ツケとしてたまる償却不足／減価償却方法の変更に十分注意／利用したい特別償却の特典／減価償却累計額の計上方法は／減価償却累計率を求める

12　土地の含み …………………………………………………………102
　　　追加計上される土地購入時の諸費用／土地の時価を調べてみる／時価推定時に参考となる価格／時価算出の目安

13　建設途上の資産 ……………………………………………………105
　　　建設期間中の出費／設備投資期間中の金利負担

14　無形の資産 …………………………………………………………108
　　　さまざまな無形固定資産／借地権と権利金／大きな含み資産"借地権"／減価償却しない資産

15　積極的な投資と消極的な投資 ……………………………………111
　　　株式所有の割合等で決まる"親子関係"／子会社株式は関係会社株式／子会社の倉庫に眠る親会社の商品／子会社株式の含みに注意／子会社株式の時価を調べる／関係会社・関連会社／投資"その他の資産"の意味／投資"その他の資産"の正体は？

16　はたして資産？ ……………………………………………………120
　　　将来の売上に寄与する費用／目にみえない"資産"／繰延資産は繰延費用？／会社法で定める５つの繰延資産／法人税法の繰延資産の広い枠

17　無借金会社でも負債が存在 ………………………………………125
　　　資産の調達先は／刻々と姿を変える"純資本"と"負債"／自己資本比率を調べる／必ず買掛金・未払金が発生

目次 7

18 引当金をはじめとするさまざまな負債……………………………129
　　営業活動の結果以外の支払手形／買掛金と未払金の違い／借入金の比率を分析する／未払法人税等とは／未払法人税等の対象となる税金の種類／損益計算書と貸借対照表の数字が違う！／1年決算と半年決算／年1回決算会社の納税方法／前期納税額の半分を納める予定申告／仮決算による中間申告／法人税・住民税及び事業税と未払法人税等の違いの正体

19 資本金は会社の大きさを表すか………………………………139
　　資本金は会社の規模に比例／信用力をつける資本金／資本金より借入金の発想

20 準備金……………………………………………………………143

21 利益剰余金とは，欠損金とは…………………………………144
　　純資産を調べてみる／債務超過と累積欠損／剰余金のマイナス／マイナスが資本金を上回った

22 債務を保証しているかどうか…………………………………148
　　注記だけがたよりの隠れた借入金／個別注記表は読み方の宝庫
　　☆クイズ／**貸借対照表について復習しましょう**

第2章　損益計算書

23 損益計算書のしくみ……………………………………………158
　　基本構造はまさに「収益―費用＝利益」／本質的な狙い

24 いわゆる売上とは………………………………………………162
　　いつの時点で計上するのか

25 売上原価を計算する……………………………………………165
　　仕入高と売上原価／知りたいのは"売上原価"／損益計算書は数字で表す

26 売上原価は柔軟に動く……………………………………171
   当期の数字に注目／含み損益の発生原因／たな卸金額いかんで揺れ動く／単価の入れ方ひとつでも数字は千変万化

27 俗にいう経費とは………………………………………176

28 交際費はいろいろな科目に散っている………………179
   注目のマト"交際費"／法人税法上の交際費とは

29 未払の経費をしっかり拾っているか……………………182
   未払経費は貸借対照表から判断

30 営業利益がひとつの区切り………………………………184
   営業段階での損益の動きをキャッチ

31 注目のマト"経常利益"…………………………………186
   金融費用は人件費と並ぶ重要な費用／経営者の最大の関心事"経常利益"

32 特別利益・損失にはくれぐれも注意……………………190
   予想外の損益が記載／子会社株式売却損は特別損失？／土地・建物の売却益は特別利益？

33 最後に税金を差し引く……………………………………194
   利益金額にスライドする法人税と住民税と事業税／中間申告額プラス未払い額／当期純利益が会社の純利益

34 損益計算書を分析する……………………………………196
   前期と比較してみる／売上高に比べ売上総利益が伸びていない／経費急増の原因は？／特別損益で経常利益落込みをカバー／損益状況の分析結果は？／分析結果をもとにした問題点抽出／人件費増加の原因は？／1人当りの人件費に注目／金利負担に耐えられるか／金利負担率106.5％！／営業利益を上回る金利負担

35 もしも別表四をみることができたなら…………………206
   利益計上額は同じでも／法人税申告書のエッセンス／所得金額の計算／費用は早め，収益は確実なものを／ある統計数字／もうひとつの貸借対照表
   ☆クイズ／損益計算書について復習しましょう

第3章　株主資本等変動計算書を理解する

36　資本金・資本準備金とは……………………………………………224

37　剰余金の配当とは……………………………………………………225

38　利益準備金とは………………………………………………………226

39　その他利益剰余金とは………………………………………………227

40　株主資本等変動計算書のしくみ……………………………………229

41　株主資本等変動計算書の記入例……………………………………231

第4章　グローバルスタンダード

42　連結決算……………………………………………………………240
　　　連結決算の必要性／連結情報が〈主〉に／連結決算のポイント

43　税効果会計…………………………………………………………244
　　　税効果会計の必要性／税効果会計の適用／税効果会計の対象／税効果会計の対象となる税金／税効果会計が適用される会社

44　キャッシュ・フロー計算書…………………………………………249
　　　キャッシュ・フロー計算書の必要性／キャッシュとは何か／事業活動別のキャッシュ・フロー／キャッシュ・フロー計算書の表示方法／キャッシュ・フロー計算書の開示

| 45 | 時価会計 | 256 |

時価会計の導入

| 46 | 研究開発費の会計処理 | 257 |

| 47 | 退職給付会計 | 258 |

退職給付会計とは／退職一時金／退職年金／退職給付会計の計算

序

甘い決算・辛い決算

1　たな卸とは

街を歩いていて『本日は，たな卸のため休業です』という貼紙を見かけたご経験はありませんか？

『そういえば，何度か見た記憶が…』とお答えの方が，多いものと思います。

◆たな卸

それでは，『たな卸』とはなんですか？

商売を休んで，なんのために『たな卸』をするのでしょうか？

このような質問に対して，『？』ハテナ？　と首をかしげる方も多いかもしれません。

☆

『たな卸』というのは，読んで字のごとく，棚に狭しと並んでいる商品の，

　　　品種
　　　数量
　　　価格

などを，ひとつひとつ目で確認しながら，実地に調べ上げ，ノートなどにメモし，つぎのような一覧表を作成しようとする仕事です（☞次頁）。

この『たな卸一覧表』の日付けをごらんください。

3月31日となっています。

3月31日に，店を閉めて，『本日はたな卸のため休業です』という貼紙をだし，従業員総出で，商品をひとつずつ確認し，このような一覧表を作成したのです。

たな卸一覧表

棚卸表

棚卸実施日　平成 N + 1 年 3 月 31 日

	数　量	単　価	合　計
A	1,200 個	160 円	192,000 円
B	4,500	120	540,000
C	340	200	68,000
合　計	6,040 個		800,000 円

◆たな卸の目的

　それでは,『たな卸』の目的はなんでしょうか。
　従業員総出で, なぜこのような一覧表を作らなければならないのでしょうか。
　狙いは, 2つあります。
　『商品をしっかり管理するため』というのがそのひとつです。
　商売をやる以上, 品揃えには細心の注意を配らなければなりません。
　顧客の欲しい商品が, たまたま在庫切れ, というような事態を招くのは, モッタイナイ話ですし, また, 恥ずかしい話でもあります。
　かといって, 顧客のニーズに応えるために, 豊富な商品を, 常に店先に並べておくわけにはいきません。
　スペースには限りがあるからです。
　顧客のニーズとにらみ合わせながら,
　　　　どのような商品を,
　　　　　いくつ並べておけばよいか,
ということを, 常日頃, キャッチしておかねばなりません。

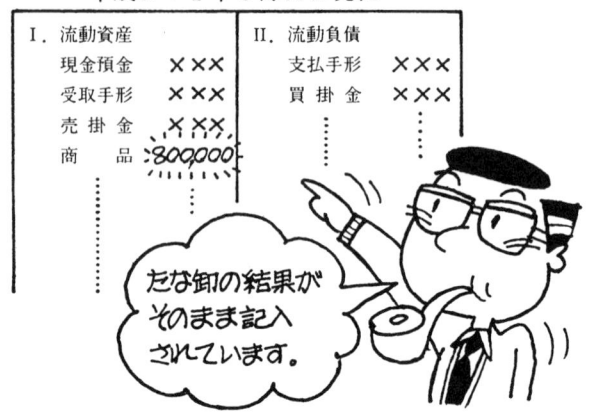

　そこで，たな卸をするのです。
　月に1回，あるいは半年に1回，たな卸をして，いまどんな商品がそれぞれどれくらいあるのか，不足しているものはないか，ということを，チェックするのです。
　これによって適正な仕入計画をたてるための資料作りが可能となります。
　そして，もうひとつの狙い，それが，決算書を作成するための資料づくり，という役割です。

◆たな卸と決算

　もう一度，たな卸一覧表をごらんください（☞前頁）。
　この日が，すなわち平成N＋1年3月31日がこの会社の決算期です。
　この会社の平成N＋1年3月31日の貸借対照表をみてみましょう。
　貸借対照表とはなにか，貸借対照表をどう読むかは，のちほど，じっくりと説明してまいります。

序　甘い決算・辛い決算　　15

　ここでは，たな卸と決算との関係，たな卸をすることが決算書作りにどう役立つのか，ということにマトを絞って説明していきましょう。

　たな卸一覧表の合計金額は80万円，となっています。

　つぎに，貸借対照表の資産に目を向けてください。

　商品80万円，という記載があります。

　たな卸一覧表の合計金額が，そのままストレートに貸借対照表に記載されていることにお気づきだと思います。

　つまり，貸借対照表の，

　　　　商品　80万円

という数字は，たな卸の結果，なのです。

　店のシャッターを閉め，従業員総出でたな卸をし，3月31日に店にあった商品は80万円，という確認をしたからこそ，貸借対照表を作ることができたわけです。

☆

　たな卸の狙いは2つありました。

　　　　商品を管理する狙い

　　　　決算書を作成する狙い

です。

　そして，たな卸と決算書との関連については，もう少し説明を加える必要があります。

◆売価と仕入価格

　貸借対照表に記載されている商品は，会社の貴重な財産です。

　80万円という商品を店先に並べ，お客さまの来店を待っているわけですが，ここで質問をひとつ。

　80万円という金額は，顧客へ売る価格でしょうか。

それとも，会社が仕入先から買った価格でしょうか。

つまり，売価でしょうか，それとも仕入価格でしょうか。

答えはズバリ，仕入価格です。

たとえばA商品の単価160円，というのは，仕入先から買った値段です。

このA商品の売価は200円といたします。

すなわち，A商品は，お客の手許に渡されて，はじめて200円で売れたことになります。

店先に並んでいる間は160円，つまり，仕入価格です。

たな卸一覧表の合計金額80万円，貸借対照表に記載されている商品の金額80万円は，いずれも**仕入価格の集計**です。

貸借対照表に記載されている商品80万円は，会社の貴重な財産である，と述べました。

確かに貴重な財産です。

80万円という商品が，100万円あるいは120万円という売上に結びつくからです。

◆たな卸商品のキズ

ところが，3月31日にたな卸をしたところ，たまたま，C商品の一部に大きなキズがあることが判明したとしましょう。

仕入れの際にはなにもなかったC商品のキズ，たな卸をして，はじめて発見されたのです。

さて困ったことになりました。

今さら，仕入先に返品するわけにいきません。

さりとて，捨て去るには忍びません。

大幅な値引きをして，売ってしまうほかありません。

C商品の仕入単価は200円。

どう査定しても，売れる値段は100円前後。

こういう事態に遭遇したとしましょう。

さて，会社は，たな卸一覧表を，どのようにして作ればよいのでしょうか。

この場合，会社のとるべき道は，いろいろあります。

ほかの商品は，すべて異常がないし，たまたまＣ商品だけなのだから，Ｃ商品も仕入価格200円のままで，たな卸一覧表を作成してしまおう，という会社もありましょう。

いっぽう，Ｃ商品には，もはや200円の価値はない。

200円の価値がない商品を，相変わらず200円という価格で，たな卸一覧表にのせておくわけにはいかない。

これならば売れるであろうという値段，たとえば100円に値下げした価格で，たな卸一覧表に記載しよう，こう判断する会社もありましょう。

◆判断の違いと決算書の数字

このような判断の相違が，貸借対照表に，どのように表れてくるのでしょうか。

Ｃ商品を200円，すなわち仕入れた価格そのままで据え置いた会社の貸借対照表には，商品80万円として記載されることになります。

Ｃ商品を100円と切り下げた会社の貸借対照表には，商品76.6万円，として記載されることになります。

会社の判断ひとつによって，貸借対照表そのものが，このように異なったものになってしまうのです。

◆決算書の裏にかくされたもの

たな卸を例にとって，貸借対照表の一断面を見てきました。

いまはまだ，決算書読破術のプロローグです。

けれども，Ｃ商品のような事態に遭遇したとき，会社の判断ひとつで，貸借

対照表の金額そのものが動いてしまう，という事実を，目のあたりに見ました。

　Ｃ商品を200円のままに据え置いた会社の貸借対照表には，80万円という商品が記載されます。

　けれども，この80万円という金額は，損含みの数字です。

　Ｃ商品が，もはや100円でしか売れないことをあえて承知のうえで，200円という仕入価格そのままで据え置いた結果の80万円なのです。

　100円でしか売れないことを見込んだ会社の貸借対照表には，76.6万円という商品が記載されます。

　この両社の判断の違い，判断の違いに基づく貸借対照表の相違，にしっかり目を向けてください。

　貸借対照表をはじめとする決算書の裏には，このように，会社のさまざまな判断を仰がなければならない要素が，いろいろ潜んでいるのです。

　しばしば甘い決算，辛い決算という表現が使われます。

　ただいまの両社の貸借対照表のどちらが甘いか辛いか，読者の皆さん，じっくり考えてみてください。

　商品76.6万円と記載した会社が，いかに厳しい措置を講じたか，に関心をお持ちください。

　これから，「決算書読破術」と題して，皆さんとご一緒に，決算書を徹底的に読みこなしていきたいと思います。

　甘い決算書か，辛い決算書か，こういうフィルターをかけながら勉強をすすめてまいりましょう。

2　グローバルスタンダードへのアプローチ

　日本の会計制度は，劇的な変革期を迎えています。

　わが国の会計制度を，「グローバルスタンダード」に近づけるために，会計基準の見直しが行われてきました。

　決算書が企業の実態を正しく表示し，企業による情報開示の透明性を高めるよう，新しい会計基準が導入されました。

　この新しい会計基準については，4章において，そのポイントを解説しています。

〈連結決算〉……42

　企業の分社化・グループ化が進んだ現在，個別の企業の決算書を見ても，その企業の本当の実力はわかりません。

　企業グループ全体の財政状態や損益状況を反映させた連結財務諸表が重要となります。

　平成11年4月1日以降開始する事業年度から，新しい連結制度がスタートしました。

〈税効果会計〉……43

　会社の税金は，企業会計上の利益ではなく，法人税法上の所得金額を基に計算されます。

　企業会計上の利益と，法人税法上の所得金額はイコールではありません。

　そのため，決算書において，企業会計上の利益から税法に基づいて計算され

た税金を控除しても，税引き後の「当期純利益」が会社の業績を適正に表しているとはいえません。

　税効果会計とは，税法に基づいて計算され，実際に支払った税金の金額ではなく，本来支払うべき税金の金額を決算書に表す会計処理をいいます。

〈キャッシュ・フロー計算書〉……44

　国際的に，キャッシュ・フロー計算書は財務諸表のひとつとして位置付けられ，大変重要視されてきました。

　企業の事業活動に伴うキャッシュの動きをとらえて，その収支を表すキャッシュ・フロー計算書は，貸借対照表や損益計算書だけでは把握しきれない，企業の経営活動の実態を表します。

　そこで，日本においても，新しい会計基準として，キャッシュ・フロー計算書を取り入れることになりました。

〈時価会計〉……45

　これまでの会計制度では，貸借対照表に計上する資産の評価については，その資産を購入したときの金額を計上するという取得原価主義を採用していました。

　しかし，いわゆる金融資産については，時価で評価することが会社の資産状況を適正に表示することになるとの認識が国際的な動向となっており，今回の新会計基準においても，金融商品について，資産の評価を時価で行う，時価会計が導入されました。

　時価会計の導入により，貸借対照表から「含み」が排除され，貸借対照表の信頼性が確保されます。

〈研究開発費の会計処理〉……46

　これまで、試験研究費と開発費の会計処理について、資産計上するか、または一時の費用とするかは、会社の任意でした。

　しかし、新会計基準では、一時の費用として処理することとなりました。

　これは、研究開発費の支出による将来の収益獲得に疑問があり、また、商品ライフサイクル・新技術へのキャッチアップの短期化などによるものです。

　会計処理の選択が認められなくなるため、企業間の比較可能性が確保されます。

〈退職給付会計〉……47

　退職金には、退職一時金と、厚生年金や適格退職年金などの退職年金との2種類があり、それぞれ、退職給与引当金の引き当て不足、年金資産の積み立て不足が指摘されています。

　これらの不足額は、貸借対照表に負債として計上されていません。

　退職給付会計では、退職給付債務を貸借対照表の負債の部に計上し、企業の将来発生する退職給付債務の実態を明らかにします。

第1章
貸借対照表をタテ・ヨコ・ナナメから読む

1 決算書とは

この本のテーマは，**決算書読破術**です。

さまざまな視点から決算書にスポットライトをあて，決算書を読破するコツをマスターしていこう，というわけです。

そこで，決算書とはなにか，です。

◆**決算書とはなにか**

決算書とは，

   貸借対照表（B／S）

   損益計算書（P／L）

   株主資本等変動計算書

   個別注記表

の4種類を指します。

この4種類の書類をひとまとめにして，決算書というのです。

これらは，財務諸表，計算書類などといわれることもあります。

したがって，決算書を読むということは，すなわち，

   貸借対照表を読む

   損益計算書を読む

   株主資本等変動計算書を読む

   個別注記表を読む

といいかえることができます。

◆決算書に触れるチャンス

　これらの決算書は，どんな会社でも，少なくとも年1回は必ず作成しなければなりません。

　ところで，これらの決算書はいつ作成されるのか，どのようにしたらみることができるのか，といった点を説明しておきましょう。

　法人税などの確定申告書は，決算期後2カ月以内に提出するのが原則です。

　これらの確定申告書は，確定した決算に基づき作成されます。

　したがって，中小企業などでは，決算期後2カ月以内に定時株主総会を開催し，決算の承認を受けているケースが大多数です。

　しかし，定款に「当会社の定時株主総会は決算期から3カ月以内に招集する」という内容の記載をし，3カ月以内，すなわち3月決算の会社の場合には6月中に定時株主総会を開催することがあります。

　この場合には，税務署などへ申告期限の延長の承認申請書を提出することにより，確定申告書の提出期限も1カ月延長することができます。

　したがって，どのような会社でも，決算期末から，遅くとも3カ月以内には，定時株主総会が開催されるわけです。

　ところで，会社法の規定により，会社は定時株主総会の1週間前までに，株主あてにその定時株主総会の招集通知を発送しなければなりません。

　しかも，この招集通知には，貸借対照表や損益計算書，株主資本等変動計算書を添付する必要があります。

　したがって，株主であれば，定時株主総会の1週間前には，決算書を手にすることができるのです。

　また，会社の債権者にも，チャンスがあります。

　この定時株主総会の1週間前には，決算書は会社に備え置かれます。

　したがって，この間に，債権者が会社に出向けば，決算書を見ることができるし，コピーをもらうこともできます。

　それでは，株主や債権者以外の人々が，決算書に触れるチャンスはないので

しょうか。

　会社法に，

　　「株式会社は，定時株主総会終結後遅滞なく，貸借対照表（大会社にあっては，貸借対照表及び損益計算書）を公告しなければならない」

　　「ただし，官報または日刊新聞紙に公告する株式会社は，貸借対照表の要旨を公告することで足りる」

という規定があります。

　毎年6月頃になると，日本経済新聞に，何頁にもわたって，いろいろな会社の貸借対照表が載っています。

　これは，その会社法の規定にしたがって，各社が貸借対照表を公告しているのです。

　したがって，決算書を手に入れるには，

　　株主や債権者になるか

　　ごく一部の会社の公告貸借対照表を見るか

しか方法はない，というのが，中小企業の場合の現状です。

　ところが，上場会社と店頭登録会社の場合は，事情が変わります。

　上場会社は，株主総会へ提出する決算書のほかに，もっと詳細な報告書を内閣総理大臣に提出します。

　金融商品取引法という特別な法律によって要求されているのです。

　この報告書のことを，**有価証券報告書**といいます。

　有価証券報告書は，金融商品取引所などで見ることができますし，販売もされています。

　官報を販売している書店へ行けば，購入することができます。

　したがって，**上場会社の決算書ならば誰もが簡単に手に入れることができる**，というわけです。

　ところで，土地や建物は登記所に登記されています。

　したがって，登記所へ行って登記簿を閲覧すれば（閲覧の申請をすれば），だれでも，その土地・建物の所有者や面積などを調べることが可能です。

決算書についても，土地・建物と同じように，登記所へ行けば，だれでもが，すべての会社の決算書を調べられるようになれば，大変便利なのですが。

2 貸借対照表と損益計算書

巻末に折込みで決算書がついています。

貸借対照表と損益計算書は，決算書の二本柱です。

したがって，決算書を読破するためには，貸借対照表と損益計算書の役割・つながりといったものを，まず明確にしておく必要があります。

その前に，ひとこと触れておきたいことがあります。

巻末に，渋谷商事という会社の決算書が折り込まれています。

さっそく，この折込みを開いてください。

渋谷商事という会社は，まったくの架空の会社です。

決算書を読破するためにつくりあげたサンプル会社です。

したがって，この会社の決算書には，決算書を読破するためのさまざまなエッセンスが豊富に盛り込まれています。

必要に応じて，この折込みを開いてみてください。

ナマの決算書に触れながら，決算書の読み方をぜひご自分のものにして頂こうという趣向です。（☞**次頁**☆1，☆2）

◆ "現在" と "自〜至"

渋谷商事の貸借対照表と損益計算書をごらんください。

タイトルの下の日付に注目しますと，

貸借対照表は，

　　平成N＋1年3月31日現在

損益計算書は，

　　自平成N年4月1日至平成N＋1年3月31日

と記載されています。

すなわち，貸借対照表はある一定の時点の状態を表し，損益計算書はある一定期間の状況を表しています。

具体的には，貸借対照表は，平成N＋1年3月31日，つまり決算期末日現在の会社の財産の状態を表しています。

また，損益計算書は，平成N年4月1日から平成N＋1年3月31日まで，つまり一事業年度の会社の活動状況を表しています。

貸借対照表と損益計算書とを並べてみますと，一事業年度の活動の結果（損益計算書），決算日現在このような財産状態（貸借対照表）になった，ということがわかります。

◆役割とつながり

具体的に，簡単な例をあげて説明しましょう。

☆1　**決算書を作成する準備**

株式会社の貸借対照表，損益計算書，株主資本等変動計算書，個別注記表および附属明細書については，**会社計算規則**が，決算書を作成するための基本ルールです。しかし，この規則は，決算書の作成基準を全部網羅しているわけではありません。この規則に規定されていない事項については，会社法の規定に，「一般に公正妥当と認められる企業会計の慣行に従うものとする」とあり，この「公正妥当な企業会計の慣行」が，「企業会計原則」を中心とした会計原則です。

☆2　**大会社とは**

会社法という法律では，資本金と負債総額（B／Sの負債の合計）とで，会社を区分しています。**大会社**―資本金が5億円以上か，または負債総額が200億円以上の株式会社。

第1章 貸借対照表をタテ・ヨコ・ナナメから読む　29

　たとえば，100万円の資金を元手に，会社を設立したとします。
　設立の日が，1月1日であれば，1月1日現在の貸借対照表は，

1月1日現在のB/S

現　金　　100万円	資本金　　100万円

となります。
　これは，設立時点の貸借対照表です。
　そして，この会社は，2月に入り，現金100万円をまるまるはたいて，商品を仕入れたとします。
　幸いに，商品が200万円ですべて売れ，200万円の現金が会社に入ってきたとしましょう。
　そして，そのまま12月31日がやってきました。
　12月31日は，この会社の決算日です。
　貸借対照表と損益計算書を作成しなければなりません。
　　　どんな貸借対照表になるでしょうか。
　　　どんな損益計算書になるでしょうか。
　まず，貸借対照表です。
　12月31日現在の貸借対照表は，

12月31日現在のB/S

現　金　　200万円	資本金　　100万円

　現金が200万円であることについては，とくに疑問の点はないと思います。
　100万円の現金は，商品の仕入れのためにいったん支払ったけれども，その商品は200万円で売れ，200万円まるまる現金を得て，しかも，その後現金は一円たりとも支出していなのだから，12月31日現在の現金は200万円ということになります。
　12月31日に，金庫をあけて，現金残高を調べれば，200万円あるはずです。
　一方，□□の右側を見てみましょう。
　資本金が100万円であることは，すでにご説明しました。

問題は，☐のなかです。

☐のなかは，どんな言葉が入り，どんな数字が記入されるのでしょうか。

結論を急ぐ前に，貸借対照表はひとまずおいて，☐のなかの手がかりを得るために，損益計算書を作成してみましょう。

　　　　　　　（自1月1日　至12月31日）
　　　　　　売上高　　　　200万円
　　　　　　仕入高　（−）100万円
　　　　　　☐

損益計算書は，このようになります。
　これも，問題は☐のなかです。
　☐のなかには，どんな言葉が入り，どんな数字を入れたらよいのでしょうか。
結論を申し上げましょう。

| 利　益　　　100万円 |

すなわち，
　　　　　　　（自1月1日　至12月31日）
　　　　　　売上高　　　　200万円
　　　　　　仕入高　（−）100万円
　　　　　　利　益　　　　100万円

損益計算書は，このようになります。
つまり，この会社は，この1年間に，100万円の商品を仕入れて，200万円で

第1章 貸借対照表をタテ・ヨコ・ナナメから読む　31

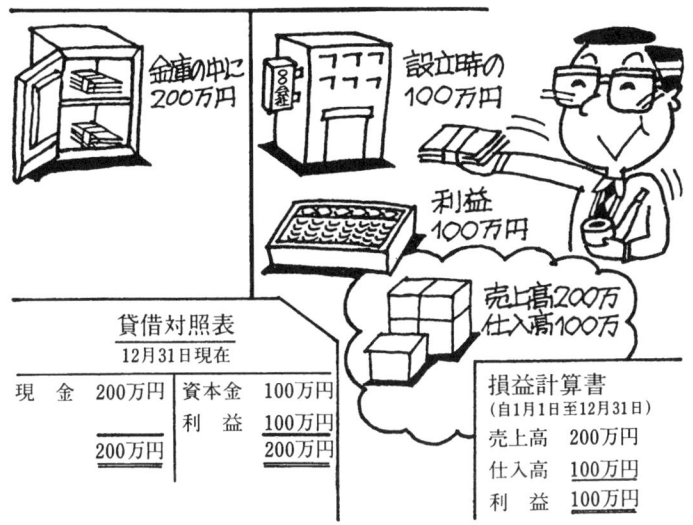

売却した。

　その結果，100万円の利益を得た。

　こういう営業活動があったことを，損益計算書は説明するのです。

　さて，ここまでくれば，貸借対照表の □ にはなにが記入されるのか，おおよそのことは察知されたのではないでしょうか。

　そうです。

　貸借対照表の □ にも，利益100万円，と記入されるのです。

　これが，その会社の決算書です（上表参照）。

　貸借対照表から，

　　① 12月31日現在，会社の金庫には，現金が200万円ある

　　② そのうち100万円は，会社を設立したときの元手である

　　③ 残りの100万円は，この1年間に商売をして稼ぎだしたおカネである

ということがわかります。

　設立時点には100万円しかなかった現金が，1年後の12月31日には200万円になっています。

　100万円増えています。

増えた原因は，借金をしたわけでもなければ，元手を増やしたわけでもありません。

商売をした結果，幸いに儲けが出て，資産が増えたのです。

そのことは，貸借対照表の右側をみれば，すぐわかります。

利益100万円という言葉が，その事実を如実に示しています。

ところが，さて，

　　　売上はいくらあったか

　　　コストはどれくらいかかったか

ということは，貸借対照表からうかがい知ることができません。

◆売上とコスト

その点をカバーするのが，損益計算書です。

損益計算書は，

　① この1年間に会社が計上した売上高は，200万円である

　② 200万円の売上高を達成するために要したコストは，100万円である

　③ 差し引きの利益は，100万円である

こうレポートします。

文字通り，損益の計算書です。

◆決算書の役目

もっともシンプルな営業活動を通じて，もっともシンプルな貸借対照表と損益計算書をみてきました。

シンプルではありますが，いずれも決算書であることに相違ありません。

そして，このシンプルな決算書から，

　①貸借対照表は，××現在，というように，ある一定時点における財産の
　　状況などを報告するもの

②損益計算書は，自××至××というように，ある一定期間の損益の状況
　　などを報告するもの
　③双方は，利益の金額を通して，相互に関連している
といったことを読みとることができるのです。

◆バランスシート（B/S）とは

　貸借対照表は，一定時点の会社の財産の状態を示す書類である，と説明しました。
　それでは，その仕組みについて，確認します。
　貸借対照表のことを，別名バランスシートと呼びます。
　どうして，バランスシートと呼ぶのでしょうか。
　もう一度，さきほどのシンプルな貸借対照表をご覧ください。
12月31日現在の貸借対照表です。
　右と左の数字を比べてみましょう。
　いずれも，200万円です。

　　　　現金 ＝ 資本金 ＋ 利益

という等式が成り立っていることがわかります。
　したがって，バランスシートなのです。
　たとえば，

B/S

現	金	100	資	本	金	400
商	品	300	利		益	100
機	械	100				
		500				500

　これも，貸借対照表，すなわちバランスシートです。
　ところで，左側には，現金とか商品といったものが並んでいますが，現金とか商品というのは会社にとってなんであるのか，ちょっと説明不十分です。

右側も同様です。

そこで，これを名付けます。

```
              B/S
   現    金    100 │ 資   本   金   400
   商    品    300 │ 利       益   100
   機    械    100 │
   資産合計     500 │ 純 資 産 合 計   500
```

つまり，バランスシートは，

　　　資産合計　＝　純資産合計

という算式から成り立っていることになります。

左側は，現金とか商品とか機械などの資産。

右側は，資本金とか利益などの純資産。

これを，

```
           B/S
   資  産  合  計 │ 純 資 産 合 計
```

このように，左右対称に表示するのが，貸借対照表なのです。

ところで，このバランス状態にさらに加えなければならないものがあります。

負債です。

買掛金や借入金などの負債です。

もう一度，さきほどのシンプルな貸借対照表をご覧ください。

12月31日現在，

```
              B/S
   現    金    200 │ 資   本   金   100
         －       │ 利       益   100
   資産合計     200 │ 純 資 産 合 計   200
```

であったわけですが，この会社が，かりに12月1日に，銀行から100万円の借入れをおこしていたとしましょう。

そうすると，この会社の貸借対照表は，

第1章　貸借対照表をタテ・ヨコ・ナナメから読む　35

```
                    B/S
        現　　金   300  │ 借　入　金    100
                        │              (100) …①
                        │ 資　本　金    100
                        │ 利　　　益    100
                        │ 純 資 産 合 計 (200)
        資産合計    300  │              300  …②
```

こう変わります。

　　　□の①には,

　　　　負債合計

　　　□の②には,　したがって,

　　　　負債・純資産合計

が入り, 結局, バランスの等式は,

　　　　資産 ＝ 負債 ＋ 純資産

と変わります。

　負債が加わっても, バランス状態は崩れません。

　銀行から100万円の借入れをしたのですから, 現金は100万円増えます。

　左側の資産合計は, 300万円と増大します。

　これに呼応して, 右側も, 負債合計100万円が加わって, やはり負債・純資産合計300万円, 相変わらずバランス状態は保たれるのです。

　すなわち, この会社が100万円の借入れをしたとした場合の貸借対照表は,

```
                    B/S
        資産合計   300万円 │ 負債・純資産合計   300万円
```

となります。

　　　　　　　　　　　　☆

　　　資産合計 ＝ 負債合計 ＋ 純資産合計

という算式を, 渋谷商事の貸借対照表で確認しておきましょう。

渋谷商事の当期の

  資産合計は，12億8,800万円

  負債合計は，10億9,200万円

  純資産合計は，1億9,600万円

したがって，

（資産合計）		（負債合計）		（純資産合計）
12億8,800万円	＝	10億9,200万円	＋	1億9,600万円

ということになり，もちろんのことですが，左右ピタリと一致しています。

◆貸借対照表を読む手順

　これから，資産とか負債，あるいは純資産の具体的な中身を，ひとつずつ読んでいきます。

　その前に，読者の皆さんに，ぜひ覚えておいて頂きたいことがあります。

　それは，貸借対照表を読みこなす手順です。

　貸借対照表には，さまざまな科目と数字が記載されています。

　貸借対照表を読む際には，どこから，どのように読んでいったらよいのでしょうか。

　まず，最初に，左側の一番下の数字，

  資産合計の金額

を見てください。

　会社の総資産は，どのくらいあるのか，をつかみます。

　次に，右側の，

  負債合計の金額

を確認し，最後に，

  純資産合計の金額

を確認します。

　それでは，渋谷商事の貸借対照表を見てみましょう。

まず，資産合計の金額は，およそ13億円です。

この会社は，総資産がおよそ13億円という規模の会社である，ということがわかりました。

次に，負債合計の金額と純資産合計の金額を確認します。

それぞれ，およそ11億円，2億円です。

　　　　資産合計　　13億円　　　　負債合計　　11億円
　　　　　　　　　　　　　　　　　純資産合計　　2億円

こう整理できました。

渋谷商事が，平成N＋1年3月31日時点で所有している総資産は，13億円。

この13億円の総資産は，11億円の負債と2億円の純資産でまかなわれている，ということがわかります。

総資産のうち，8割から9割近くは負債，残りが純資産です。

◆大きな数字から小さな数字へ

貸借対照表を手にしたら，このように，まず一番下の数字をみるクセをつけてください。

はじめに，会社の総資産の金額を確認するのです。

そして，負債の金額，純資産の金額とみていきます。

大きな数字をまずつかみ，それから次第に小さな数字に立ち入っていく，こういう読み方を心掛けてください。

◆資産合計から売上高を推定する

ところで，資産合計の金額の持つ意味というものを，少し考えてみましょう。

資産合計を言いかえれば，会社が所有している総資産の金額ということを意味します。

現預金から始まって，売掛金，商品，機械，土地など，会社が所有している

総資産，それが資産合計の金額です。

したがって，資産合計の金額が大きければ大きいほど，会社の規模が大きいということがいえるわけですが，会社のスケールということに関して，ここで，ちょっと面白いデータをご紹介しておきましょう。

	(総資産)	(売上高)	(単位：10億円)
T社	8,817	8,963	
N社	2,682	2,509	
S社	1,795	1,804	

いずれも，日本を代表する大企業のある決算期の数字です。

この表をご覧になって，読者の皆さん，どんなことを感じられますか。

総資産と売上高の関係について，です。

総資産と売上高それぞれの数字が，ほぼ拮抗していることにお気づきかと思います。

これらの大企業は，所有している総資産とほぼ同じ売上高を，1年間に計上しています。

総資産のスケールと，売上高のスケールが興味深いことに，ほぼ見合っているのです。

これはなにも，数ある日本の大企業の中から，双方の金額が見合っている会社だけを探してきて取り上げたというわけではありません。

アトランダムに拾い出した結果です。

ということは，これは，わが国の企業全般に共通した現象ではないだろうか，と想像できます。

もちろん，業界の性格によっては，このバランスが大きく異なるという例もあります。

また，同じ業界に身を置いている会社であっても，A社は総資産の方がはるかに少ない，B社はその逆，というケースもあります。

したがって，おおよその目安，ということにすぎませんが，

　　　総資産 ≒ 売上高

と考えても，それほど大きな狂いは生じないと思います（☆3）。

たとえば，貸借対照表を取り寄せたとします。

あいにく，損益計算書は手に入りません。

どうしても売上高を知りたいとき，どうやって見当をつけたらよいのでしょう。

総資産の金額から見当をつければよいのです。

3 流動資産・固定資産とは

会社の経営は"現金に始まって現金に終わる"といわれます。

貸借対照表の資産は，次のように区分されます。

まず，資産は，

　　　流動資産
　　　固定資産
　　　繰延資産

の3つに分けられます。

このうち，固定資産については，

　　　有形固定資産
　　　無形固定資産
　　　投資その他の資産

☆3　財務省「法人企業統計」によると，総資産と売上高の関係は，つぎのとおりです。

総資産を100とした場合の売上高

	（全産業）	（製造業）	（非製造業）
総資産	100	100	100
売上高	93.9	95.7	93.2

の3つに分けられます。
　したがって，さまざまな資産のひとつひとつは，
　　　　流動資産
　　　　固定資産
　　　　　有形固定資産
　　　　　無形固定資産
　　　　　投資その他の資産
　　　　繰延資産
それぞれの定位置に配置されるということになります。

　資産は，上から順に，
　　　　流動資産
　　　　固定資産
　　　　繰延資産
と並びます（☆4）。
　そして，流動資産のまっ先に登場するのが，現預金です。

◆流動・固定を分類するカギは現預金

　会社の経営は，現金に始まって，現金で終わります。
　営業マンへの訓辞として，「営業マンの活動は，たんに商品を売るだけでなく，現金を回収してはじめて完了する」と言われることがありますが，この言葉は，会社の経営そのものにもあてはまります。

　☆4　科目の並べ方
　　　　日本のすべての会社の貸借対照表が，この順序にしたがっているわけではなく，電力会社とかガス会社のような，いわゆる固定資産を多額にかかえている業界は，まず固定資産がきて，そのつぎに流動資産と続きます。**固定性配列法**といいます。一般の会社とは，順序が逆になっています。

会社の経営というものは、いろいろ複雑なものですが、究極のところは、現金に始まって、現金に終わる、といっても過言ではないでしょう。

流動資産のトップに、ということは、資産のトップに現預金がくる所以です。

図表　手元流動性の推移
財務省「法人企業統計」より

（全産業）　　（製造業）　　（非製造業）
13.4%　　　　13.0%　　　　13.6%

（注）手元流動性 = $\dfrac{（現金・預金＋有価証券）期首・期末平均}{売上高} \times 100$

◆流動資産と固定資産

ところで、流動資産と固定資産をどう分けるか、どう配置するかのカギは、この現預金が握っています。

すなわち、

　　　決算期末から1年以内に現預金になる債権など

は流動資産に配置されます。

たとえば、

　　　1年ものの定期預金
　　　返済期限が1年以内の貸付金

は流動資産です。

これを裏返してみれば、

　　　3年ものの定期預金
　　　返済期限が1年を超える貸付金

などは、流動資産に計上されない、ということになります。

これらのものは、固定資産へ配置されます。

このように、流動資産と固定資産を区別するひとつの基準は、

　　1年基準

ということを、まず覚えてください。

☆

S社のある期の貸借対照表に、およそ305億円の売掛金が計上されています。そして、この売掛金については、

「売掛金のうち、新造船ほか延払契約による代価で、貸借対照表の翌日から起算して、決済期日が1カ年以上のものが169億円ある」

S社は、このように説明しています。

そこで、もう一度、S社の貸借対照表をみてみますと、305億円という売掛金は、すべて、流動資産に計上されています。

　　流動資産　　　136億円
　　固定資産　　　169億円

このように分類されてはいません。

1年以内に決済されるかどうかおかまいなしに、305億円という売掛金は、すべて流動資産に計上されているのです。

◆1年以内に回収できそうもない売掛金は？

それでは、S社は、1年基準を無視した決算書を作成してしまったのでしょうか。

固定資産に計上するのは具合が悪いから、流動資産に計上したのでしょうか。

実は、S社の処理は、まったく正しいのです。

1年基準とは異なった基準に則って正しく経理しているのです。

それが、

　　　　営業循環基準

です。

これは、

　　　会社の営業活動によって発生した売掛金

受取手形などの債権
　　　製品・商品などの棚卸資産

のような資産は，**現金になるのが１年を超えていても，流動資産になる**，という基準です。

　したがって，１年以内に回収できそうもない売掛金も，２年先に満期がくる受取手形も，営業に関するものである以上，すべて流動資産のなかにおさまるということになります。

　すなわち，流動資産には，

　　　・１年以内に現金になるもの（１年基準）
　　　・１年以内に現金になるかどうかを問わず，営業に関する受取手形，売掛金，製品・商品など（営業循環基準）

まとめてみれば，こういったものが計上されているわけです。

◆借入金と預金のバランス

　さて，現金・預金をどう読むか，です。

　現預金については，あらためて説明を加える点はとくにありませんが，次の計算をしてみましょう。

　預貸率（よたいりつ）の計算です。

$$預貸率 = \frac{銀行預金}{短期借入金 + 長期借入金 + 割引手形}$$

　借入金と預金のバランス状態を，この式を通して探ってみようというわけです。

　借入金100円に対して，どのくらいの預金があるかを計算してみるのです。

　たとえば，上場会社Ｂ社のある期の預貸率は，

$$\frac{\substack{(\text{現金・預金}) \\ 34{,}518}}{\underset{(\text{短期借入金})}{3{,}680} + \underset{(\text{長期借入金})}{0} + \underset{(\text{割引手形})}{4{,}739}} = 410.0\%$$

(単位：百万円)

実に，借入金の4倍もの現預金を有しています。

一方，同じく上場会社のS社の場合は，

$$\frac{\substack{(\text{現金・預金}) \\ 261{,}986}}{\underset{(\text{短期借入金})}{675{,}866} + \underset{(\text{長期借入金})}{705{,}653} + \underset{(\text{割引手形})}{228{,}150}} = 16.3\%$$

(単位：百万円)

たかだか，16％にすぎません。

これは，S社は，借入金100円に対して現預金は16円，ということなのです。渋谷商事の場合を計算してみましょう。

　　当期　22.7％
　　前期　54.9％

かなり預貸率は落ち込んでいます。

B社のように，借入金のなんと4倍もの現預金を有している，というような例はごく稀で，通常の場合は，渋谷商事あたりの預貸率を前後するという会社が多いかと思います。

◆すぐに使えない現預金を忘れずに

ところで，現預金といえば，すぐに使えるものと思いがちです。

固定性預金という言葉をお聞きになったことがあるかと思います。

現預金の中には，銀行から払戻しを一定期間経過後に制限されているものがあるということをお忘れなく。

(単位：百万円)

種　類	金　額
現　　　金	3
当 座 預 金	96
通 知 預 金	176
普 通 預 金	9
納税準備預金	0.1
別 段 預 金	3
定 期 預 金	2,180
（ 合　計 ）	2,467.1

M社は，およそ24億7,000万円の現預金を有しています。

そして，その内訳は，上記のとおりとなっております。

M社の現預金24億7,000万円のうち88％，およそ9割が定期預金，ということになります。

貸借対照表はここまで細かい表示をいたしませんから，現預金の内訳は貸借対照表を見ただけではわかりませんが，現預金，すなわちすぐ使えるお金，という結論は，少し早計かもしれません。

4 割った手形はどこにある

割引手形は貸借対照表ではなく，個別注記表に

受取手形には，商品や製品を販売して受け取った手形の金額が表示されます。

すべて，営業活動により発生したものです。

たとえば，取引先などに一時的に資金を貸し付け，その見返りに手形を受け取った場合には，受取手形としては表示しません。

これは，手形による貸付金であり，営業活動から発生したものではないからです。

◆割った手形・裏書した手形の計上

渋谷商事と同じ３月決算という会社を想定してみます。

この会社は，３月１日には1,000万円の受取手形を所有していました。

そのうち，３月中に満期がくる手形が300万円あり，３月末日までには無事その金額が決済されたとします。

残りは700万円なのですが，このうち500万円は銀行に割引に出しました。

したがって，会社にある手持ちの手形は200万円だけということになります。

かりに，決算期直前の３月１カ月間，手形による入金がなかったとしましょう。

この会社の決算書には，はたして受取手形がいくら計上されるのでしょうか。700万円でしょうか，それとも200万円でしょうか。

割引手形とは，手形の期日前に銀行で割り引いてもらって現金化した手形で，決算日現在，まだ期日が来ていないものをいいます。

裏書手形とは，受け取った手形を，いわゆる裏書譲渡したものをいいます。

これらは，貸借対照表の受取手形の金額には含まれていません。

受取手形として計上されているのは，決算期末において実際に金庫の中にある手形，つまり，手持ちの手形の金額なのです。

それでは，割引手形や裏書手形の金額は，どこに表示されているのでしょうか。

渋谷商事の貸借対照表をご覧ください。

個別注記表に，割引手形の金額が記載されています。

受取手形8,400万円のほかに，割引手形が２億9,600万円ある，というように表します。

第1章　貸借対照表をタテ・ヨコ・ナナメから読む　47

このように，受取手形の金額には割引手形や裏書手形を含めないで，これらを個別注記表に注記するという表示方法となります。

◆割引手形・裏書手形の注記がなぜ必要か

よく考えてみると，割引手形や裏書手形の金額をなぜ個別注記表に記載しなければならないのか，という疑問がわいてきます。

受取手形は，銀行で割り引いてしまえば，利息相当額を支払った残りの金額は，すでに入金済みです。

どうして手許からなくなった受取手形を個別注記表に記載する必要があるのでしょうか。

◆不渡手形と手形遡及義務

万一，割り引いた手形や，裏書譲渡した手形が不渡りになった場合には，これらの手形を買い戻さなくてはなりません。

これを，**手形遡及義務**といいます。

手形が振出人によって期日に無事決済されるまでは，手形を割引に出した会社や，裏書譲渡した会社には，この手形遡及義務がついてまわります。

このような危険性があるため，個別注記表にその金額を記載しなければなら

ないのです。

　これにより，貸借対照表の，決算日現在の会社の資産や負債の状態だけでなく，割引手形・裏書手形といった将来の債務の可能性までを個別注記表に表示していることになります。

　この個別注記表は，決算書を読むにあたっての重要な情報源です。

　詳しくは，☞P149の「個別注記表は読み方の宝庫」をご参照ください。

⑤　大切な資産・売掛金

売掛金回収状況悪化の裏には，さまざまな事情が推察できます。

◆売掛金はキチンと管理されているか

　売掛金とは，商品や製品を販売したときの売上代金のうち，未収となっているものをいいます。

　文字どおり，掛けで販売したときの**未収代金**のことです。

　得意先への請求方法として，

　　①　1カ月の間に得意先に納品した商品の金額を集計して，その1カ月分の請求書を発送する
　　②　その請求した金額を，翌月，銀行振込や小切手，または手形で回収する

といった方法がよく見受けられます。

　この場合，一定期間，商品は納品したけれども，現金も小切手も手形ももらえない，という状態が生じます。

　この状態にある金額が，売掛金です。

　渋谷商事のB/S（バランスシート）をご覧ください。

受取手形のつぎに,「売掛金」が続き, 2億5,200万円という金額が記載されています。

すなわち, 渋谷商事には, 平成N＋1年3月31日現在, 2億5,200万円という金額が, 掛けのまま残っている, ということが示されているのです。

渋谷商事の総資産は, 12億8,800万円です。

売掛金は, 2億5,200万円です。

総資産12億8,800万円のうち, 売掛金は何パーセントあるのか, 売掛金の占める比重はどのくらいか, 電卓を使ってちょっとはじいてみましょう。

19.6％という数字が電卓に示されました。

つまり, 渋谷商事の総資産のうち, およそ5分の1は売掛金で占められているということになります。

◆**資産項目の内訳**

ここで, 読者の皆さんに, ある想像をして頂きたいと思います。

会社には, いろいろな資産があります。

　　　現金預金

　　　受取手形

　　　売掛金

　　　商品

　　　土地

　　　建物

　　　機械

これらの中で, 金額的にもっとも大きな比重を占めるのは, なんでしょうか。

本社ビルや工場用地, あるいは工場で稼動している機械, こういったものを思い浮かべる方が, 案外多いのではないでしょうか。

ところが, ほとんどの日本の会社に見られる傾向は,

　　　受取手形や売掛金

　　　　商品

などがもっとも多い，という答えになるのです。

　たとえば，上場会社M社の総資産は，8,959億円。

　そのうち，

　　　　受取手形　　　1,264億円

　　　　売掛金　　　　1,736億円

　　　　たな卸資産　　2,396億円

　総資産のうち，6割がこの3つの資産によって占められています。

　これは，なにもM社に限ったことではありません。

　他の多くの会社に，共通して見られる傾向なのです。

◆回収日数を調べてみる

　わたくしたちは，日頃なにげなく，売掛金や在庫，という言葉を口にします。

　しかし，これらのデータを見て，売掛金や在庫の重要性，いいかえれば，会社にとって，売掛金や在庫がいかに大切な財産であるのか，ということが痛いほどご理解頂けたのではないでしょうか。

　商品については，後ほどご説明いたします。

　売掛金が，文字どおり，売り掛け金である以上，いつかは入金の時期がやってくることになります。

　もっとも望ましいのは，納品した月の翌月，すなわち1カ月後に入金，というスタイルでしょう。

　しかし，すべての売掛金が，約束どおりにきちんと入金されれば問題はありませんが，必ずしもそうとは限りません。

　得意先の資金繰りが悪化して，数カ月間入金なし，または営業上のトラブルにより支払が一時ストップ，といった事態もあるかもしれません。

　しかし，貸借対照表に表示されている売掛金は，会社が決算期末に所有している売掛金の合計ですので，個々の得意先の回収状況まではわかりません。

そこで，表示されている売掛金の金額の妥当性を確かめるために，売掛金の回収期間を計算してみます。

◆売掛金の回収状況

$$売掛金の回収期間 = \frac{期末売掛金残高}{1日当たり売上高}$$

$$1日当たり売上高 = \frac{年間売上高}{365日}$$

上記の計算により，決算期末に何日分の売上に相当する売掛金が滞留されているのか，がわかります。

売掛金は，会社の重要な財産です。

回収期間が長ければ長いほど，会社に多大な資金負担がかかり，また，回収の可能性も低くなり，そして，不良債権となる可能性が高くなる，のです。

それでは，渋谷商事の売掛金の回収期間を計算してみましょう。

たとえば，売掛金の回収期間が，当期57.5日ということがわかったとします。当期の回収状況はわかりましたが，より詳細なデータとして，

① 前期と比べて，好転したのか，悪化したのか
② どのくらい好転したのか，悪化したのか
③ 他社と比べてどうか

なども，調べたいものです。

そこで，このようなフォームを作成します。

ヨコに，**当期，前期，増減，対前期比**とあります。

◆回収状況悪化の原因

渋谷商事の場合，かなり悪化しています。

売上拡大のために支払条件には目をつぶったか，また，回収が滞っている不

良債権が増加しているのかもしれません。

前期以前の数字と大きな差異が生じていたら，その原因を究明することが重要です。

さらに，得意先別にこの計算をして，その原因などを検討することも，重要なことです。

（前期と比較してこそ，データとして生きてくるのです。）

項	目	当 期	前 期	増 減	対前期比
1	売掛金	252	120	132	210.0
2	同手持日数	57.5日分	39.8日分	17.7日分	

◆売掛金と買掛金の食い違い

当社の売掛金は，先方すなわち得意先の買掛金です。

当社の売掛金と得意先の買掛金とは，表裏一体，裏腹の関係にあります。

したがって，A社に対する売掛金が100万円であれば，A社の当社に対する買掛金も100万円であるはずです。

ここまでは，あたりまえの話です。

問題は，もし万が一，双方の金額に食い違いが生じたとき，にあります。

売掛金と買掛金は裏腹の関係にあるのだから食い違いが生じるはずがない，というのは皮相的な見方であって，現実には，双方に食い違いがみられる，と

いうケースはしばしば起こります。

たとえば，当初の営業マンが，Ａ社という得意先に単価100円で商品を1,000個納入したとします。

営業マンは，10万円の売上伝票をきります。

Ａ社に対して，10万円の売掛金が発生します。

ところが，単価100円でという話は，実は当社の営業マンの早トチリであって，Ａ社では100円で仕入れたという認識がまったくなかった，としましょう。

なぜなら，営業マンははじめ訪問したとき『10円程度の値引きはオーケーです』ということをニオわせていたからです。

そこでＡ社では，９万円の買掛金しか計上しませんでした。

双方に１万円のギャップが生じてしまいました。

お互いに歩み寄ってなんらかの手を打たなければなりません。

◆残高確認の実施

これは，売掛金，買掛金双方の金額に相違が生じるほんの一原因にすぎません。

このほか，もろもろの原因が重なって，お互いの残高に相違が生じている，というケースはよくあるのです。

ただいまの例のように，はっきりした原因がつかめさえすれば，それではどういう手をつぎは打つべきか，という行動に移ることができます。

けれども，何年前にさかのぼって調べても原因がなかなか追究できない，ということになると，もはやドロ沼に陥ります。

手のほどこしようがない，ということにもなりかねません。

そこで，このような事態に陥る前に，残高確認をする，という手を打つのです。

「**売掛金の残高確認書**」という書類を作成して，得意先に送付し，双方の金額を照合するのです。

なにも，毎決算期末にやることはありません。

2年に一度，あるいは3年に一度でもよいのです。

時たま，このような残高確認を実施して，売掛金の残高がはたして正しいのかどうか，ということを確認することも，きわめて大切な仕事のひとつです。

◆もはや貸倒損失

会社の経営には，危険がいっぱいです。

不幸にも，得意先が倒産してしまって，売掛金が回収できない，という事態が起きれば，**貸倒損失**を計上せざるを得ない，ということになります。

ところで，貸倒損失を計上する，ということについて，法人税法は非常にキメの細かい規定をおいています。

◆法人税法上の定め

法人税法は，売掛金を含めた会社の債権を帳簿から落とすことについて，どう規定しているのかを，まずみておくことにしましょう。

1. 債権が，会社更生法や民事再生法の更生計画，会社法の特別清算の協定認可の決定などによって，切捨てになった場合は，もちろん落とすことができます。
2. いわゆる内整理，つまり債権者集会の協議によって切捨てられた場合は，その切捨てられた金額も損として認められます。
3. 相手方の赤字がものすごく大きくなってしまって，負債のほうが資産よりも多くなってしまった場合，つまり，債務超過の場合には，いわゆる**債権放棄の通知書**を相手方に送れば損になります。
4. 相手方との取引を停止してから**1年**たってもまだ回収できない売掛金も損になります。

法人税法が定めている内容のあらましは，だいたい以上のとおりです。

1.と2.については，とくに説明するまでもないと思います。

債権そのものが法律的に消滅してしまったわけですから，当然，貸倒損失の発生です。

◆売掛金を損に落とすには厳しい条件が

問題は，3.にあります。

3.の要件を，もう一度読み直してください。

よく読んでみると，法人税法は，

　①相手方の会社が，資産より負債のほうが大きくなってしまったとき

　②債権放棄の通知を相手方に送付したとき

はじめて損に落とすことができる，としています。

ここに，法人税法の，貸倒損失の計上に対する厳しい態度の一端を，如実にうかがい知ることができます。

法人税法というのは，そもそも，

　会社の利益がなるべく多くなる方向に

規定されています。

それは，残念ながら，ある意味では当然かもしれません。

税金をとるために法人税法はつくられているのですから。

したがって，法人税法は，会社が費用を計上する基準に対しては，非常に厳しい態度で臨んでいます。

貸倒損失の計上をめぐる法人税法の基準も，そのひとつです。

3.の例は，上記①と②の要件をすべて満たしてはじめて，法人税法上，売掛金を損に落とすことを認めるのです。

たとえば，相手の会社の資産内容が極端に悪く，倒産寸前，もはや債権は全額回収できそうもないことは明白，という状態であっても，法人税法は，すんなり損に落とすことは認めてくれません。

相手の会社が長い間そういう状態に陥っていて，なおかつ，債権放棄の通知

を送付して，初めて損に落とすことを認めているのです。

◖債権放棄の通知を出さなかったら

　このように，法人税法の定めは非常にせち辛いものなのですが，この法人税法のせち辛さにつられて，決算を組むとき，法人税法が損に認めてくれないのだから，損に落とすのはやめておこう，という会社がかなりあります。
　たとえば，当社にはAという会社に，500万円の債権があったとします。
　A社は，もはや倒産寸前です。
　いろいろなルートを通じて，A社の財務内容を調べたところ，みるべき資産はなにもなく，負債のほうが圧倒的に大きい，ということが判明しました。
　これではいくら督促しようが，回収できないのは，目に見えています。
　ところが，例の債権放棄の通知を送付するのを忘れてしまい，貸倒損失をたとえ計上したとしても，法人税法では，損に認めてくれそうもありません。
　そこで，会社はやむを得ず，今度の決算では，この債権をそのまま残しておくことにしました。
　つぎの決算期に債権放棄の通知を出し，つぎの決算で貸倒損失を計上しようと考えたのです。
　したがって，当期の貸借対照表には，500万円が，そのまま流動資産に売掛金として残っています。
　この会社の態度を，どう解釈したらよいのでしょう。
　会社は，法人税法の規定に忠実なあまり，損失の計上をつぎの期にまで持ち越してしまったのです。

☆

　法人税法と決算書とのつながり，については別に項をあらためて説明します。
　これから，ときおり，法人税法の取扱いが顔を出してまいります。
　決算書を作成する，あるいは，決算書を読むという場合，法人税法の取扱い

を無視して語るわけにはまいりません。

　法人税法は，会社の経営にとって実務上，切っても切り得ない影響を及ぼします。

　会社の経理部が決算書を作成するとき，法人税法の取扱いをまったく無視する，ということは不可能なのです。

　法人税法の取扱いと会社の決算書との関連を説明した部分を，できれば今のうちに，ザッとでも結構ですから目を通しておいて頂ければと思います。

　そして，法人税法と決算書との関連がわかれば，ただいまの会社が対処すべき，もうひとつの道が浮かび上がってまいります。

◆貸倒損失として計上してしまう

　法人税法の規定は無視し，会社が決算を組むとき，500万円の売掛金を全額損に落としてしまう，という方法があります。

　貸倒損失を一気に計上してしまうのです。

　もし，この貸倒損失の計上を法人税法が認めないものであるならば，法人税法上の利益を計算する際，その分，利益を増やしてやればよいのです（増やし方については，後ほど説明致します）。

　さきほどの会社は，このような手段をとらずに，結局，損失を計上することを繰延べたかたちになりました。

　そのために貸借対照表が，どうしても甘いものになってしまったのは，否めない事実です。

◆不渡手形は半分しか落とせない

　手持ちの受取手形が不渡になってしまい，しかも相手方は銀行取引停止になってしまいました。

　手持ちの受取手形は不渡り手形に変身してしまったわけですが，かといって

この不渡手形の金額を損に落とす，ということを法人税法では認めておりません。

例によって，法人税法の厳しい側面が顔を出します。

たとえ不渡手形を手にしたとしても，振出人に対してこの不渡手形を示し，請求を根強く続ければ，お金になる可能性が残されているからです。

といって，相手方は銀行取引停止処分を受けてしまったわけですから，そう簡単に入金できる見通しもありません。

そこで法人税法は，このような場合，全額を貸倒損失とすることは認めないまでも，その50％，つまり半分だけは貸倒引当金の設定により損に落としてよい，としています。

相手方が不渡手形を出してしまい，いわゆる銀行取引停止処分になってしまえば，債権の半額は損に落とすことができる，法人税法のこの取扱いはぜひ覚えておいてください。

会社が，この取扱いにしたがって，**不渡手形を出した取引先に対する債権の半額をきっちり損に落としているかどうか**，厳重にチェックしたいものです。

6 貸倒引当金とは

引当金が理解できれば，もう決算書は読みこなせたも同じです。

貸借対照表の流動資産のところを，上から順番に読んでおります。

現金預金，受取手形，売掛金と進みました。

つぎは，たな卸資産に移るわけですが，その前に，流動資産の一番最後に登場する貸倒引当金を勉強しておきましょう。

貸倒引当金は，すでに学んだ受取手形や売掛金とは切っても切れないつなが

りがあるからです。

◆引当金とは

　決算書には，**引当金**という用語が，登場します。
　渋谷商事の場合も，例外ではありません。
　貸借対照表には，
　　　　資産の部に貸倒引当金
　損益計算書にも，
　　　販売費及び一般管理費に
　　　　　貸倒引当金繰入額
　このように，顔を出します。
　そもそも，引当金とはなんでしょうか。
　決算書における引当金の存在は，はたしてどんな意味をもっているのでしょうか。

◆引当金を理解する

　貸倒引当金のことを考えてみたいと思います。
　たとえば，設立第1期に100円の売上があり，それが全部売掛金になっていたとしましょう。
　そして，第1期の利益は30円であったとします。
　第2期になりました。
　第2期に入り，第1期の100円の売掛金のうち，80円は順調に入金となりましたが，残り20円はとうとう取れずじまい，貸倒れになってしまいました。
　ここで，設立第1期の社長さんは，第1期が終わったところで退陣し，第2期の新社長の登場，ということであったとします。
　そして，設立第2期の売上高も第1期と同じく100円，利益の金額も30円で

あったとします。

もしかりに20円の貸倒れがなければ，第1期，第2期とも，損益は，

	（第1期）	（第2期）
売上高	100	100
費用	70	70
利益	30	30

ということにあいなります。

前社長も，新社長も，同じ手腕，同じ業績をあげて，万事めでたしめでたしだったはずです。

ところが，ただいま述べたように，あいにく，設立第2期に20円の貸倒れが発生してしまいました。

そこで，現実の数字は厳しく変わります。

	（第1期）	（第2期）
売上高	100	100
費用	70	90（うち貸倒損失20）
利益	30	10

新社長の業績は，落ち込んでしまいました。

せっかく，100円の売上高と30円の利益を確保したにもかかわらず，です。

前期からの持ち越し売掛金のうち20円が，貸倒れになってしまったからです。

新社長は，いわば前社長のツケを払ったようなものです。

これでは，新社長が浮かばれません。

◆**貸倒れをあらかじめ見込む**

そこで，救世主が登場します。

貸倒引当金です。

貸倒引当金は，損益計算書の数字を，つぎのように塗り変えます。

```
                （第1期）  （第2期）
    売上高        100      100
    費　用         70       70
    貸倒引当金繰入額  20        0
    利　益         10       30
```

　前社長は，100円の売掛金のうち，どうもとれそうもない，という金額を見込んで，あらかじめ費用に落としておきます。

　それが，損益計算書に登場する**貸倒引当金繰入額**です。

　第2期の貸倒損失を第1期においてあらかじめ見込み，費用に落としておくのです。

　あらかじめ費用に落とすといっても，100円の売掛金のうち20円を貸倒損失として，実際に貸借対照表からまったく消し去ってしまうというわけではありません。

　その証拠に，第1期において，貸倒損失，という言葉が登場いたしません。

　そのかわり，貸倒引当金繰入額とするのです。

　売掛金100円は，いちおう貸借対照表にのせておき，そのうち損益計算書で，すでに20円を貸倒引当金繰入額として落としているのだ，ということを，貸借対照表では，次のように表現します。

```
        売 掛 金     100
        貸倒引当金   △20
```

　この点，貸借対照表における表示場所が，貸倒引当金の場合，貸借対照表の左側に△，というわけです。

　さて，こうしておけば，第2期に不安が現実のものになり，貸倒れが発生したとしても，大丈夫です。

　なぜなら，貸倒れとなった売掛金20円を貸借対照表から除去しても，費用は計上しなくてもすみます。

　すでに費用に落としたということを示す貸倒引当金があるからです。

　20円の売掛金を消し，同時に，貸借対照表の貸倒引当金も消せば，それでオ

ーケーです。

　備えあれば憂いなしではありませんが，貸倒引当金という備えがあったからこそです。

　渋谷商事の貸借対照表（N＋1・3）の欄をごらんください。

　流動資産の一番下に，△12として貸倒引当金が計上されています。

　この△12の意味は，以上の説明によりだいたいおわかり頂けたものと思います。

◢貸倒引当金のその後

　ところで，前記に100円の売掛金に対し20円の貸倒引当金を繰り入れたとします。

　この20円という貸倒引当金は，あくまで見積額です。

　現実に貸倒れとなった場合，貸倒損失額がこの20円とピタッと一致することは，まずあり得ません。

　多いか少ないか，いずれかになります。

　前期の見積額が，現実の貸倒損失額より少なかった場合，不足分は，当期の貸倒損失となります。

　たとえば，本文中の事例でみれば，前社長が貸倒引当金を10円しか繰入れていなかったとします。

　新社長の第2期目に貸倒損失が20円であれば，10円，前期の貸倒引当金でカバーできますが，10円は不足します。

　これは，もはややむを得ません。

　新社長の貸倒損失とせざるを得ません。

　反対に，前社長の不安が幸いにもはずれて，新社長のもとでは貸倒れが発生しなかったとしましょう。

　この場合，貸倒引当金の行方はどうなるか，を説明しておきましょう。

　前社長からの貸倒引当金20円は，まず期末まで持ち越されます。

そして、第2期目末の売掛金をはじめとする債権の金額を合計します。

第2期目の債権合計は第1期目のときより50円増して、150円になったとしましょう。

債権の金額が増えるということは、それだけ貸倒れの危機が高くなる、ということが通常ですから、第2期目末の貸倒引当金は、10円増えて30円繰入れなければならないとします。

けれども、前期から繰越された20円の貸倒引当金がまだ手つかずで残っていますから、当期、あらたに設定しなければならない貸倒引当金は、10円で十分です。

債権が増えた分だけ、あらたに繰入れればよいというわけです。

損益計算書には、貸倒引当金繰入額10

貸借対照表には貸倒引当金30

ということになります。

この方法を、貸倒引当金の**差額繰入**と呼びます。

もう一度さきほどの事例を例にあげておきましょう。

当期末の債権残高は、前期末より50円減少したとします。

そのぶん、貸倒れの危険見込額も減少して、当期末の50円に対しては、貸倒引当金は10円で済むと判断したとします。

ところが、前期から持ち越された20円という貸倒引当金がまだ残っています。

　　　債　権　　　　50
　　　貸倒引当金　　△20

としておくわけにはいきません。

　　　債　権　　　　50
　　　貸倒引当金　　△10

とするため、前期からのオーバー分10を、貸倒引当金戻入益として、損益計算書に計上することになります。

◆貸倒引当金の算出は

ところで，債権のなかに含まれている貸倒見積額を，あらかじめ経費として落としておくのが貸倒引当金，と口ではかんたんにいうものの，実際にはどうやって貸倒見積額の金額をはじくのでしょうか。

まさか得意先1件1件のバランスシートを取り寄せて判断するわけにもいきません。

たとえバランスシートを取り寄せることができたとしても，そのうち，どのくらい貸倒れが発生するのか，貸倒予想金額をはじくのは容易なことではありません。

ところが幸いにも，実務上非常に便利なデータが用意されています。

◆法人税法が定めた基準

法人税法の規定です。

法人税法は，資本金1億円以下の中小法人（資本金5億円以上の会社に100％株式を所有されている法人*を除く）には，個々の得意先別の信用状況等，個別的事情を考慮せずに，機械的に，業種別に貸倒引当金の繰入率（法定繰入率）の採用を認めています（☆5）。

次表のとおりです。

債権に対する貸倒引当金の繰入率

（単位：％）

業　　種	繰　入　率
卸売・小売	1.0
割賦販売小売	1.3
製　　造	0.8
金融保険	0.3
そ　の　他	0.6

このように，法人税法が一律に定めた割合を利用して貸倒引当金を計上して

いる会社が，実務上は非常に多いのです。

つまり，税法基準に準拠するわけです。

また，あえて困難を承知のうえで，個別の会社ごとの回収可能性を判定し，貸倒引当金を計上する会社というのも，なかにはみられます。

☆

国税庁が公表している「税務統計から見た法人企業の実態」によれば，わが国の会社のうち，貸倒引当金を設定している会社は22％にすぎません。

78％の会社は，貸倒引当金を設定していない，ということになります。

国税庁の同じ調査では，**わが国の会社のうちおおよそ72％は赤字**，ということですから，赤字会社が貸倒引当金を設定しない，ということが多いのでしょうが，それにしても，78％とは意外な数字です。

超一流の得意先ばかりで，貸倒れの危険はゼロ，自信満々ということなのでしょうか。

◆貸倒引当金未計上の理由は

貸倒引当金についての大切なポイントを復習かたがたまとめておきましょう。

まず，貸倒引当金が貸借対照表の左側にしっかり登場しているかどうか，ということをチェックしてみてください。

もし見当らないとすれば，問題です。

1万円でも100万円でも，受取手形や売掛金などがある以上，法人税法は貸倒引当金の計上を認めてくれているのです。

貸倒引当金を計上すれば，その分費用は多くなります。

利益は減ります。

☆5　法定繰入率について
　　資本金が1億円を超える会社及び＊の会社については，実績繰入率（過去3年間の貸倒れ発生割合）で計算することになります。

したがって，税金は安くなるのです。

にもかかわらず，貸倒引当金を計上しない理由はどこにあるのでしょうか。

貸倒引当金を利用している22％のなかの会社なのか，あるいは残り78％のなかの会社なのかということを，まずチェックしてみてください。

◆貸倒引当金の計上金額は

つぎに，貸倒引当金の計上金額です。

税法基準に準拠している会社については，税法が認めた限度額ぎりぎりまで，はたして計上しているのかどうかを確認してみる必要があります。

たとえば，上場会社のある事業年度の決算書の個別注記表によれば，

S社は，

「法人税法の規定による繰入限度額（法定繰入率による）相当額を計上しております」

M社は，

「債権の貸倒れによる損失に備えるため設定したものであり，債権を個別に評価して計上している」

Z社は，

「法人税法に定める限度（法定繰入率）のほか，取引先の資産内容を個別に検討して計上しております。なお，当期は税法限度相当額を計上しております」

いずれも，しっかり貸倒引当金を計上しています。

また，F社は，

「貸倒引当金については，従来税法基準によって計上していたが，当期より個別的に貸倒見積額を算出し計上する方法（実質基準）に変更した。

この変更により，従来の方法によった場合に比較して，当期利益が13,559千円減少している」

このように，計上基準を変更しています。

貸倒引当金を辛めに計上する方向にかえたのです。

これとは逆に，N社は，

「関係会社に対する長・短貸付金当期末残高のうち，その回収状況に照らして，取立不能と見込まれる金額について貸倒引当金の追加設定をすべきであると考えられる。

　その金額は，73,000千円であり，当期純損失は，同額の増額修正を要する」

有価証券報告書に，公認会計士によって，こうクレームがつけられています。

貸倒引当金の設定基準ひとつをみても，会社の経営成績の現状が，おぼろげながらも浮かび上がってくるとは思いませんか。

7　大切な資産・たな卸資産

（在庫の滞留が金利負担につながることを重視してください。）

この本は，商品の実地たな卸という例を導入部として，口火をきりました。

その商品の実地たな卸のところに，いまさしかかってきたわけです。

◆たな卸資産とは・総資産に占める割合

たな卸資産という言葉は，文字通り，実地たな卸の対象となる資産を総称したものであって，具体的には，

　　商　品

　　製　品

半製品
　　　原材料
　　　仕掛品
　　　貯蔵品
などが，いわゆる**たな卸資産**と呼ばれるものです。

☆

M社のある事業年度の総資産は，1,837億円。そのうち，
　　　製　品　　　134.1億円
　　　半製品　　　　 5.1
　　　材　料　　　 35.0
　　　仕掛品　　　　<u>6.1</u>
　　　　　　　　　 180.3

総資産のおよそ10分の1はたな卸資産というわけです（☆6）。
こういった例は，なにもM社にみられる現象だけではありません。
大企業だけでなく，中小企業でも同じような状態です。
たな卸資産は，売掛金と並んで，総資産に占める割合がきわめて高い，大切な財産であるという説明が，この例で，はからずも立証されたかたちです。

◆在庫増は金利負担増につながる

どこの会社も，決算期末が近づきますと，実地たな卸の準備をはじめます。事前の用意周到な準備なくしては，正当な在庫一覧表はつくれません。

　☆6　財務省「法人企業統計」によると，総資産に占めるたな卸資産の割合は，つぎのとおりです。
　　　　　　　　　（全産業）　（製造業）　（非製造業）
　　　$\dfrac{たな卸資産}{総資産} \times 100 = 7.1\%$　　9.9%　　　6.1%

ところで，たな卸資産の在高，つまり在庫は，黙っていると，じりじり増えてきます。

人間誰しも，楽をしたいという気持ちは常にあります。営業マンは，得意先にいつでもスピーディに受注した商品を納入したいでしょうし，工場関係の人びとは，本社からの発注に対して，ただちに製造に着手できるよう，手許にはなるべく多くの原材料を備えておきたいと思うでしょう。

大変なのは，経理マンです。

在庫の増加イコール資金の増加です。

ただちに金利負担増です。

在庫は，経理部のチェックがなければ，そして黙っていれば，じりじりと増えていく傾向にあるのです。

◆在庫日数の算出方法

そこで，売掛金について滞留日数を計算したように，在庫についても，手持日数，あるいは在庫日数をぜひ計算してみる必要があります。

たとえば，商品とか製品の在庫日数は，

$$\frac{商品・製品の期末在庫金額}{\dfrac{年間売上原価}{365}}$$

と，はじきます。

考え方は，売掛金の滞留日数と同じです。

まず，損益計算書から，売上原価の金額をもってきます。

そして，365で割ります。

すなわち，1日当たりの出荷高をまず計算するのです。

分子は，在庫額です。

在庫額を1日当たりの出荷高で割って，はたして何日分の在庫があるのか，ということを調べてみよう，というのが在庫日数です。

◨前期との比較を忘れずに

　渋谷商事の在庫日数を計算してみましょう。
　まず，当期です（**次頁表**）。
　売掛金の滞留日数のところで計算したように，当期と前期は必ず比較しておく必要があります。
　前期は，約3カ月分の在庫。
　当期は，約4カ月弱。
　在庫日数が1カ月近く延びています。
　それだけ，資金負担が重くなっています。
　これらの在庫が，すべて良品であり，近いうちに必ず出荷されるものであれば，まだ救われます。
　万が一，返品続き，あるいはすでに時代遅れの商品が含まれているとしたら，コトは深刻です。
　渋谷商事は，このデータと比べると，在庫がきわめて多いとは思われませんか（☆7）。

◨たな卸資産の内容と評価

　上場会社C社のある事業年度の有価証券報告書をみると，監査報告書に，
　　「たな卸商品のうち，市価低落のため評価損の計上を要すると認められるものがあり，当事務所の計算によれば，その必要額は，6,666千円となる」
とあります。
　もう1社みてみましょう。

　☆7　財務省「法人企業統計」によると，たな卸資産の在庫日数は，つぎのとおりです。
　　　　　（全産業）　　（製造業）　　（非製造業）
　　　　　　36.5日　　　46.7日　　　　31.9日

	項　目	当　期	前　期	増　減	対前期比
1	商品	316	162	154	195.1
2	同在庫日数	117.7日分	93.9日分	23.8日分	

前期に比べて在庫日数が1ヵ月近く延びているということは資金負担がそれだけ重いということを表しています。

上場会社S社のある事業年度の有価証券報告書によると，やはり監査報告書に，

「たな卸資産の簿価は，約1,650百万円時価を上回っている。時価が簿価まで回復するか否かについての予測は困難であるため，たな卸資産は同額だけ評価を下げる必要がある」

とあります。

これらの記載をみて，読者の皆さんは，どんなことを感じられますか。

◆たな卸資産評価と売上原価の関係

たな卸資産と売上原価との間には，深いつながりがあります。

深いつながりがあるというよりも，売上原価は，実地たな卸をしてはじめて算定できるのです。

そして，たな卸資産の金額に，売上原価は連動します。

たな卸資産を高く評価すれば，売上原価は少なくなります。

たな卸資産を低く評価すれば，売上原価は大きくなります。

☆

　この関係は，第2章の売上原価のところ（☞165頁以降）でくわしく説明していますから，いま直ちに知りたいと思われる方は，☞165頁以降の説明をあらかじめお読みになってから，再び，ここに帰ってきてください。

☆

　さて，話を元に戻しましょう。
　たな卸資産の評価いかんによって売上原価の金額が変動する，ひいては，利益が動くとなれば，たな卸資産をどう評価すれば，辛い決算となるのでしょうか。
　再び，C社，S社の例をごらんください。
　いずれも，公認会計士から，厳しい注文がつけられています。
　たな卸資産の評価が甘かったのです。
　たな卸資産を評価減して，見せかけの利益をもっと減らしておく必要があったのです。

◆厳しい法人税法上の評価損の計上

　ところで，C社あるいはS社にも若干の同情の余地があるとすれば，例によって法人税法の存在でしょう。
　法人税法は，不良在庫についての評価損の計上に対して，非常に厳しい枠を設けています。
　たとえば，
　　　物価の変動でたな卸資産の時価が下がってしまった。
　　　モデルチェンジで，商品が旧式になってしまい，ほとんど価値がなくなってしまった。
だけでは，評価損の計上を認めないのです。

法人税法に、こういう取扱いがあるがゆえに、多くの不良在庫をかかえていても、仕入価格そのままで評価し、貸借対照表に計上している会社がたくさんあります。

　とりわけ、株式を上場していない多くの中小企業は、たな卸資産についての評価減を計上するというようなケースは、かなり稀だといってよいでしょう。

　多くの不良在庫をかかえながら、いわば損をはらんだ金額で、貸借対照表上「たな卸資産」として、計上されているわけです。

8　有価証券の中身

"含み"には決算書読破の重要なポイントが秘められています。

　会社は、いろいろな目的で、ほかの会社の株式を所有します。

　このような会社が所有している他社の株式は、貸借対照表では、**有価証券**と表現します。

　社債とか国債を会社が所有すれば、これも有価証券です。

　したがって、貸借対照表に有価証券という科目を見つけたら、

　　　株式

　　　国債などの公社債

を会社が所有しているのだな、ということになります。

　このように、株式や公社債は有価証券と表示されるわけですが、このことについて、2つばかり説明を加えたいと思います。

◆子会社株式は区別

　ひとつは、子会社株式です。

たとえ子会社のものであっても，株式を所有しているのですから，有価証券に相違はありません。

したがって，有価証券と表示すればよさそうなものなのですが，子会社株式については，ほかの株式と区別して，

関係会社株式

という科目で表示しなければならない，という取決めがあります。

くわしくは，P. 112（◆株式所有の割合で決まる"親子関係"）以下を参照してください。

◆有価証券の中身

会社は，様々な目的で，他の会社の株式や公社債を所有します。

それは，投資目的であったり，取引上の理由であったり，または，他の会社を支配する目的であったりします。

このように，会社が所有している株式や公社債を，貸借対照表では，**有価証券**，と表現します。

これらの有価証券は，貸借対照表において，

流動資産に表示される「**有価証券**」

固定資産の投資その他の資産に表示される「**投資有価証券**」

とに区分されます。

流動資産に表示される有価証券とは，

・売買目的有価証券（市場価格のある株式及び公社債で，時価の変動により利益を得る目的で所有するもの）

・1年以内に満期の到来する有価証券

をいいます。

固定資産の投資その他の資産に表示される投資有価証券とは，上記の有価証券以外のものをいいます。

そして，会社法上，貸借対照表の流動資産に計上される有価証券は，原則と

して，取得価額で計上しなければなりません（原価法）。
　ただし，市場価格のある有価証券については，時価評価によりその価格を時価で計上すること（時価法）も認められています。

◆含み益とは

　含みという言葉を耳にされたことがありますか。
　しばしば，「あの会社には，相当含み益がありそうだ」という言い方がなされます。
　含み益とは，いったいなんでしょうか。
　どうして，含み益というような表現が生まれるのでしょうか。
　有価証券の評価というものを説明しながら，この含みというものの内容を解明していきたいと思います。

◆株式の評価のしかた

　渋谷商事の貸借対照表をごらんください。
　流動資産のところに，有価証券が1,000万円計上されています。
　渋谷商事は，1,000万円の1年以内満期有価証券を所有している，ということがわかります。
　ところで，1,000万円の1年以内満期有価証券を所有している，とひとくちに言いますが，この1,000万円という金額は，どこからきたのでしょうか。
　この1,000万円という金額は，渋谷商事が株式を**購入したときの値段**です。
　有価証券を何株（何口）もっているかは，貸借対照表からはわかりません。
　また，いつ購入したのかも不明です。
　決算期直前に新たに購入したのがあるかもしれませんし，10年前からじっくり持ち続けているのもあるかもしれません。
　そういうことは貸借対照表からはわかりませんが，いずれにせよ，この

1,000万円という金額は，渋谷商事が有価証券を購入したときの支出額なのです。

ここに，含みという言葉が使われる原因がかくされています。

◆購入時の価額で計上

たとえば，10年前に株式を1株当り100円，10万株購入し，じっと持ち続けていたとしましょう。

貸借対照表には，

$$@100円 \times 10万株 = 1,000万円$$

という金額が，10年間，記載され放し，ということになります。

平成N＋1年3月31日現在の貸借対照表もしかりです。

「含み」という言葉が使われる原因は，ひとえにここにあるのです。

かりに，渋谷商事の所有している株式がつぎのようなものであったとしましょう。

A製鉄所株式会社の株式	10万株
購入価額	100円
平成N＋1年3月31日の時価	200円

渋谷商事の所有している株式には1,000万円の含み益がある，ということになります。

なぜなら，渋谷商事が3月31日にこの株式を手放したとしたら，2,000万円で売れることになります。

買った値段が1,000万円ですから，1,000万円の利益を手にすることができます。

にもかかわらず，渋谷商事は売却せずに持ち続けているのですから，A製鉄株式は，含み益，ということになるのです。

◆原価主義に固有な「含み」

　貸借対照表の資産は，すべて，
　　　　買ったときの値段
　　　　作ったときの値段
こういった価額によって計上されています。
　このような考え方を，会計上の専門用語では，**原価主義**といいます。
　わが国の貸借対照表を貫く考え方は，この原価主義なのです。
　そして，原価主義という考え方があるからこそ，「含み」という表現が生まれる余地があるのです。
　たとえば，原価主義から離れて，貸借対照表を，決算期末ごとの時価を調べて，その時価をつけて作成してみようという考え方もあります。
　その場合には，渋谷商事の有価証券は，2,000万円と値段がつけかえられます。
　買ったときの値段1,000万円と時価との差額は利益です。
　評価益です。
　現実に売却すれば売却益ですが，机上で時価にひきなおしただけですから評価益です。
　こういう方法を採用した場合は，「含み」という言葉が使われる余地はありません。
　「含み益」も「含み損」もいずれも，
　　　　評価益
　　　　評価損
として計上されるのですから。
　国際的な動向に合わせて，わが国でも，会社が保有する株式などの金融商品について，時価評価が導入されました。

◆各資産の含みを調べる

貸借対照表をつらぬく考え方は原価ということ，そこから含みという現象が生じる，ということは，きわめて大切なポイントです。

　　　現金預金

　　　受取手形

　　　売掛金

　　　たな卸資産

　　　有価証券

　　　土地

これらの資産について，はたして含みがあるのかないのか，ということを考えてみましょう。

含み益，含み損，双方です。

まず，現金預金です。

現金預金には，含み益，含み損，いずれもありません。

100円の現金，1,000円の預金はいずれも100円の時価であり，1,000円の時価であるわけですから。

受取手形と売掛金についてはどうでしょうか。

含み益は考えられません。

問題は，**含み損**です。

含みという言葉が，この場合，適切であるかどうか疑問の余地はあるでしょうが，例の貸倒損失の問題です。

決算期末の得意先の経営状況が，当方の知らないうちに，急速に悪化しているかもしれません。

そういう意味では，含み損があるということは，十分ありうることです。

そして，そのために，貸倒引当金を計上するという手段が，含み損を補うものとして，用意されているのです。

たな卸資産について，どうでしょうか。

含み益の場合もあるでしょうし，含み損ということも考えられましょう。

この点，有価証券と同様です。

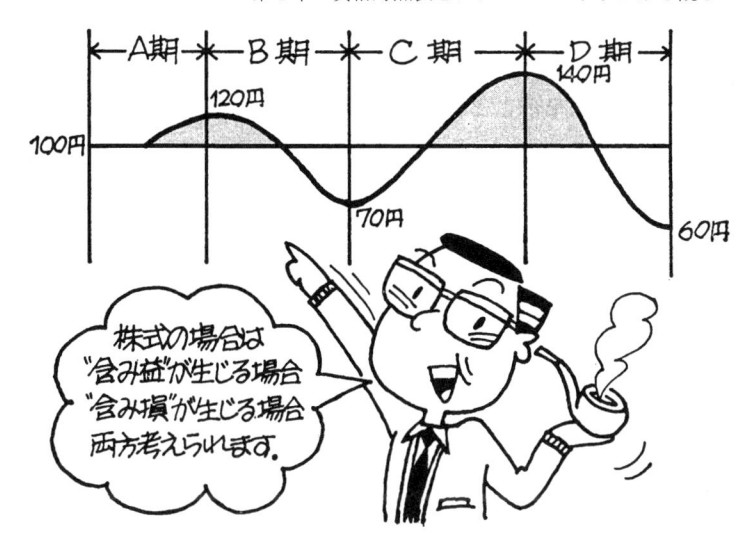

第1章　貸借対照表をタテ・ヨコ・ナナメから読む　79

　土地についても，含み益と含み損の双方が生じる可能性があります。

　このように，貸借対照表の資産の金額を調べるとき，含みということについて，思考をめぐらせることは，きわめて大切な読み方のひとつです。

◆値動きと含み

　株式については，「含み益」「含み損」双方が生じる可能性があります。
本頁のグラフをごらんください。
ある株式の値動きを，時間的に追ったグラフです。
A, B, C, Dはこの株式を所有している会社の営業年度です。
つまり，A期に100円で株式を買いました。
A期末には，この株式は120円に値上がりしました。
ところがB期末を迎えたら，この株式は70円に暴落してしまいました。
こういったことを，このグラフは表しています。

◆評価損を計上する低価法

前頁のグラフを使って,
　　　原価法
　　　低価法
という2つの会計上の処理方法を説明しましょう。
　原価主義というのは,貸借対照表の全般を貫く基本的な考え方であることは,すでに述べたところです。
　したがって,A期もB期もC期もD期も,ずっと購入した値段100円で据置く,これが原価主義という考え方をベースにした**原価法**という方法です。
　時価が上がろうが下がろうが,見向きもしないという方法です。
　これに対し,**低価法**というのは,購入した価額よりも時価が上がってもそのままにしておくけれども,時価が下がればその時価まで価額を下げる,という方法です。
　たとえば,A期は100円のまま据置きます。
　B期は70円まで下げます。
　すなわち,株式の評価損（30円）を計上するのです。
　C期は,そのままです。
　D期は60円まで下げます。
　すなわち,さらに評価損（10円）をたてるのです。

◆個別注記表に読みとれる決算の姿勢

　上場会社S社のある期の個別注記表に,こんな注記があります。
{ 取引所の相場のある有価証券…移動平均法に基づく低価法
　製品・仕掛品・購入部品……総平均法に基づく低価法
　この文章から,2つのことが読みとれます。
　S社は,ただいま説明した低価法を採用しているということ。

つまり，有価証券やたな卸資産については，常に低め低めの価額をつけているということ。

いいかえれば，法人税法が認めてくれるかどうかにこだわらず，辛めの決算を組んでいること。

こういったことがわかります。

つぎに，注記そのものについてです。

個別注記表は決算書の読み方の宝庫である，と前に説明しました。

S社のこの注記が，そのことを明らかに示しています。

S社の決算に対する姿勢が，この注記から，読み取ることができるのです。

S社は資本金2,037億円のマンモス企業です。

ところが，株式譲渡制限会社の場合，このような注記をすることは，あえて強制されておりません。

省略することができます。

けれども，「低価法を採用している」というような，どちらかといえば，ステディな決算を組んでいる会社は，たとえ株式譲渡制限会社であっても，もっと堂々と，注記という手段を利用してもよいような気がします。

※　株式譲渡制限会社とは，その会社が発行しているすべての株式について，その株式を譲渡する場合には，会社の承認を要する，という規定を定款に規定している会社をいいます。

⑨　費用を前払いしても資産

◆費用の前払いとは

渋谷商事は，渋谷に古くからある5階建てのビルを借りて，本社ビルとしています。

月々の家賃は100万円で，毎月20日に，翌月分の家賃を支払うという契約です。

したがって，3月20日に支払う100万円の家賃は，翌月分の家賃，というわけです。

ところで，渋谷商事の決算は3月です。

3月20日に支払った100万円の家賃は4月分，すなわち，『当期分ではなく翌期分の家賃，つまり当期の費用ではない』，経理の担当者が，こう考えたとしたらどうなるでしょうか。

当期の費用ではないと考えるのですから，すでに支払った家賃を損益計算書に費用として計上しないことになります。

かといって，すでに支払い済みであることに，変わりはありません。

そこで登場するのが，前払費用です。

地代家賃という費用の前払いなのだから，**前払費用**と表現し，これを貸借対照表に計上するのです。

貸借対照表の流動資産の部に計上します。

◆家賃の前払いがなぜ資産？

現金預金はもちろんのこと，売掛金にせよ商品にせよ，資産の部に計上されるものはなんらかの財産価値のあるもの，こうイメージされる方が多かろうと思います。

とにもかくにも，資産というのですから。

そのような常識からみると，家賃の前払いが資産として登場することに，若干の違和感があるかもしれません。

現金預金，売掛金，商品という資産に並んで前払費用があることに首をかしげる方がおられるかもしれません。

けれども，経理という立場からみれば，このような会計処理は，立派に認められた方法なのです。

翌期分の家賃は，あくまで翌期分の費用です。

なにも当期の負担にすることはないのです。

といって現金の支払いはすでに完了してしまっているのですから，その事実に目をつぶることもできません。

流動資産に前払費用が登場するのは，こういう理由があるからです。

◆前払費用を計上しないケース

ところで，いろいろな会社の決算書を取り寄せて比較してみると，思わぬ面白い現象にぶつかることが，ままあります。

前払費用にしても，しかりです。

流動資産の部を上から下までいくら探してみても，前払費用という科目を発見できない会社が数多くあります。

なぜでしょうか。

前払家賃のようなものが，その会社にはないのでしょうか。

当月分の家賃はすべて当月払いなのでしょうか。

いえ，けっしてそうではないはずです。

前払費用というものを家賃を例にあげて説明しましたが，前払費用となるものは，家賃だけではありません。

　　　前払いの保険料
　　　前払いの利息
　　　前払いの賃借料

このように，いろいろあります。

前払いの費用がまったくない，という会社は逆にほとんどないといってよいでしょう。

となると，前払費用が計上されていないという現象を，どう説明したらよい

でしょうか。

◆「重要性の原則」とは？

モノには，重要なもの，それほどでもないもの。
どうしても必要なもの，なくてもなんとかなるもの。
このような考え方が，常にハカリにかけられます。
経理の世界においても，例外ではありません。
これを，専門用語では**重要性の原則**といいます。
そして，いたるところで，この重要性の原則が働きます。
前払費用に対する取扱いも，そのひとつです。
家賃にしても，保険料にしても，前払分はたしかに前払費用として資産に計上するのが原則ではあるけれども，

①前払費用として資産に計上するほどの金額でないもの
②翌期がきたら，すぐ費用となるもの

『このようなものについてまで，いちいち前払費用とする必要はありません』というハカリがあるのです。
そうしたからといって（前払費用を計上しなかったからといって），経営状況の判断を大きく狂わすようなおそれがないのであれば，ひとつひとつ杓子定規に考えなくともよいではないか，という考え方です。
これで，前払費用が計上されていない会社がたくさんあることの理由がおわかり頂けるものと思います。
これらの会社は，前払いの費用をいちいちひろい出して，資産に計上していないのです。
本来は前払費用にすべきものを，そのまま放置しているのです。

　　　前払費用を資産にあげている会社
　　　前払費用がみつからない会社

この両社の相違に着目してください。

会社の経理部の方々の考え方の相違，姿勢の相違を想像してみてください。

読者の皆さんが，もし着実に利益が計上されている会社の経理担当者であったなら，どうしますか。

やはりいちいち前払費用を計上しますか。

それとも，そのような財産価値のないものは，すっきりと経費に落としてしまいますか。

◆前払金との違い

前払費用によく似た言葉に，**前払金**あるいは**前渡金**という言葉があります。

言葉はよく似ていますが，その内容は，似て非なるものです。

前払金あるいは前渡金というのは，

商品とか原材料など，資産を購入するため，前渡ししたお金

のことです。

前払費用と混同しないようにしてください。

10　仮払金も堂々と資産に登場

流動資産に，**仮払金**，という科目を計上している会社をときたま見かけます。

前払金とか未収入金ならばどんな資産なのかある程度の想像はつきますが，仮払金の"仮"という文字はどうも曲者です。

かりに払ったお金とはいったいなんでしょうか。

◆仮払金の正体

仮払金が流動資産に登場するルートは，大別して2つあります。

資産の仮払

経費の仮払

という2つのルートです。

たとえば，商品の金型の製作を外注したとします。

金型の製作には人件費などがかさむので，試作代金の半額をあらかじめ，外注先に手渡し，仮払金と経理しました。

これは，資産の仮払にあたります。

この仮払金の見返りに，将来，金型という資産が手に入るからです。

このケースは本来ならば，お金を渡したときに前渡金とすべきところなのですが，支払いの段階では仮払金としておき，決算のときも，前渡金には振替えず，仮払金のままにしてしまったというケースです。

そのことはさておき，資産の仮払いという場合は，あえて問題視する必要はありません。

近い将来，それなりの資産が会社に入ってくるのですから。

問題は後者です。

経費の仮払です。

たとえば，営業部長に，交際接待費として50万円の経費仮払をおこしたとします。

営業部長は，この50万円をフルに活用したのですが，忙しさにまぎれて清算事務が大幅に遅れてしまったとしましょう。

そして，決算作業も終わってしまい，仮払金は清算されずに残ってしまいました。

これがまさしく，後者のケース，すなわち経費の仮払金です。

経費の仮払金ですから，実体はありません。

資産の仮払金と違って，将来会社に入ってくる資産もありません。

にもかかわらず，堂々と貸借対照表に資産として登場しています。

◆法人税仮払処理のケース

経費の仮払が生ずる典型的なケースは，

　　　法人税の仮払

です。

　たとえば，期の中間で，法人税を支払ったとします。

　法人税は，本決算の場合と中間の場合と，少なくとも年2回納めなければなりません。

　そのことは項をあらためて説明しますが（☞136頁），いずれにせよ，中間で支払う法人税というのは，本決算で納める税金の前払いです。

　ところで，会社が納める法人税は，法人税法上損には落ちない，という規定があります。

　そこで会社は，どうするのでしょうか。

　損に落ちないのですから，租税公課というような名目で費用に計上できないというわけで，とりあえず仮払金として処理します。

　仮払金と処理しておき，決算のときに処理しようと考えるのです。

11　償却は十分？

（減価償却の方法を変更する裏には必ず何かがあります。）

固定資産は，
　　　有形固定資産
　　　無形固定資産
　　　投資その他の資産

の3つに分類されます。

　順番どおり，有形固定資産から進んでいきましょう。

◆有形固定資産のみかた

　渋谷商事には，6つの有形固定資産が計上されています。
　渋谷商事は所有しておりませんが，有形固定資産には，このほか，
　　　　構築物（橋，トンネル，庭園，エントツなど）
　　　　船舶
といったものもあります。

☆

　有形固定資産を見る場合，
　　　　建物，機械などの有形固定資産
　　　　土地
　　　　建設仮勘定
このように3つに分類して，読んでいくのがよいと思います。
　この3つは，同じく有形固定資産といっても，性格がそれぞれ異なるからです。
　まず建物，機械，などから見ていきましょう。

◆減価償却の意味

　渋谷商事が所有している，
　　　　建物
　　　　機械
　　　　車両
　　　　備品
などの4つの資産は，いずれも減価償却の対象となる資産ばかりです。
　すでにご存知の方が多いかもしれませんが，ここで**減価償却**ということの意

味について，簡単に説明しておきたいと思います。

☆

たとえば，100万円の車両をちょうど期末に購入したとします。
有形固定資産に，新たに車両が100万円増えたことになります。
そして，この車両が，かりに5年間使えるものとしましょう。
つまり，5年間この車を使ったのちは，廃車になってしまうと仮定します。
この5年間，つまり，使える期間のことを**耐用年数**と言います。
耐用年数というのは，平たくいえば，資産の寿命とでも言いかえられましょう。

◆**減価償却の計算と計上**

さて，この車両は5年後には価値がゼロになってしまうわけですが，その間，車両100万円と計上し放しでよいでしょうか。
貸借対照表に，
　　　1年目　　　100万円
　　　2年目　　　100万円
　　　3年目　　　100万円
　　　4年目　　　100万円
　　　5年目　　　100万円
　　　6年目　　　　0
これでよいでしょうか。
この車両が5年後にはスクラップになってしまうといっても，5年間使いきったとき，一気に価値がゼロになってしまう，というわけではないでしょう。
ドアが錆びて，タイヤが少しずつ摩耗して，故障が次第に多くなって，というように新車としての価値は，少しずつ減っていくのであって，一気にスクラップ化するわけではありません。

たとえば，

　　　　1年目　　　100万円

　　　　2年目　　　80万円

　　　　3年目　　　60万円

　　　　4年目　　　40万円

　　　　5年目　　　20万円

　　　　6年目　　　　0

こういうように，車の価値は，漸次，減っていくはずです。
そこで，この価値の減少を，毎年毎年とらえていきましょう。
それが減価償却です。

たとえば，2年目の決算がやってきたとします。
減価償却費という費用を計上します。
そして，減価償却したということを，

　　　　車両　　　　　　　100万円

　　　　減価償却累計額　△20万円

　　　　　　　　　　　　　80万円

貸借対照表で，このように示すのです。
貸倒引当金と同じ方法です。
もちろん，損益計算書には，減価償却費20万円が計上されます。
3年目の決算がやってきます。
この1年間に，この車両の価値はさらに20万円減少しました。
そこで，損益計算書に減価償却費20万円を計上します。
そして貸借対照表は，

　　　　車両　　　　　　　100万円

　　　　減価償却累計額　△40万円

　　　　　　　　　　　　　60万円

となります。

3年目には，この車両の価値は，60万円に減っているわけです。

同じことを、4年目、5年目、も繰り返します。

減価償却累計額は60万円、80万円と増えていき、それとは逆に、車両の価値は40万円、20万円と減少していきます。

ところで、減価償却の対象となる資産を、減価償却資産といいますが、減価償却資産として計上する資産には、ある取扱いがあります。

たとえば、5万円でロッカーを購入した、とします。

このロッカーも、使用することで、あるいは、時間の経過に伴って、価値が減少していきますが、4～5年は使えそうです。

では、このロッカーは、備品として資産に計上する必要があるのでしょうか。

「備品である以上、当然に減価償却資産として計上すべきである」という意見があります。

一方、「消耗品費として経費処理すべきである」という意見もあると思います。

どちらが正しいのでしょうか。

結論は、「どちらも正しい」ということです。

ただし、実務上は、後者、すなわち「経費処理」が一般的です。

理論的には、1年以上使用できる備品ですから、減価償却資産として計上し、使用可能な期間にわたり、減価償却すべきです。

しかし、購入価額が少額なものまで、いちいち減価償却資産として計上して、減価償却を行うのは、管理の上でも、事務処理の上でも、非常に煩雑になってしまいますし、金額的にも、少額なものを集めても、大きな金額にはならないと言えます。

そこで、購入価額が少額なもの、または、耐用年数が1年未満のものは経費として処理してよい、ということになっております。法人税法では、減価償却資産でも、耐用年数1年未満のもの、または、購入価額が10万円未満のものは、経費処理してよい、としています。

よって、大部分の会社が、この法人税の取り扱いにしたがっております。

◆耐用年数の求め方

　減価償却のあらましは以上のとおりですが，ここで，2，3注意すべきことをあげておきましょう。
　まず，**耐用年数の決め方**です。
　ただいまの例は，かりに車両の寿命は5年ということで説明しましたが，車両といっても，いろいろあります。
　しっかりした車であれば，10年もつでしょうし，3年後にはスクラップになってしまうような車も，なかにはあるかもしれません。
　あるいは，営業マンが酷使する車両か，あるいは営業部長の送迎用なのか，使い方いかんで変わることでしょう。
　となると，あらかじめ，どのくらいもつのかということを見積る，つまり耐用年数はどのくらいかということを定めることは，かなりむずかしい作業になってまいります。
　また，耐用年数をかりに定めたとしても，年々の減価償却費をつねに均等にしてよいのかどうか，という疑問もわいてきます。
　つまり，ただいまの例でみれば，毎年20万円均等の償却でよいのかどうか，という点です。

◆さまざまな減価償却費計算例

　この2つの疑問については，次の実例が参考になると思います。
　　　個別注記表の注記：
　　　　2．減価償却または償却の基準
　　　　　つぎの区分により，法人税法準拠である。
　　　　　　建物を除く有形固定資産　　定率法
　　　　　　建物　　定額法
　このようにN社は，法人税の規定を使っています。

機械及び装置以外の減価償却資産の耐用年数表

種類	構造又は用途	細目	耐用年数
車両及び運搬具	前掲のもの以外のもの	被けん引車その他のもの	4
		自動車（二輪車又は三輪自動車を除く） 小型車（総排気量が0.66リットル以下のものをいう。） その他のもの 　貨物自動車 　　ダンプ式のもの 　　その他のもの 　報道通信用のもの 　その他のもの	4 4 5 5 6
		二輪又は三輪自動車	3
		自転車	2
		鉱山用人車，炭車，鉱車及び台車 　金属製のもの 　その他のもの	 7 4
		フォークリフト	4
		トロッコ 　金属製のもの 　その他のもの	 5 3
		その他のもの 　自走能力を有するもの 　その他のもの	 7 4

いっぽう，K社は，

　　個別注記表の注記：

　　　1.(イ) 有形固定資産については，法人税法に規定する定率法によって償却を行っています。但し，特定の建物，機械など装置については，会社独自の耐用年数に基づき，定率法によって計算しており，法人税法に規定する方法と比較すると，減価償却費は累計で，262,485千円多くなっております。

このように，一部は法人税法の規定により，一部は会社独自の計算により，

減価償却費を計算しています。

また，Y社は，

個別注記表の注記：

1．減価償却費は，建物は定額法，その他の有形固定資産は定率法……によっています。

耐用年数は，

①早期除却及び陳腐化に対処するため，建物，構築物は法人税法に規定する耐用年数の概ね2分の1，機械装置は4年（法人税法の耐用年数7年），工具器具備品の一部を4年，車両運搬具は法人税法の耐用年数の概ね2分の1であります。

これらの実例を通じて，いろいろなことを読み取ることができます（☆8）。

◆法人税法が規定する耐用年数

まず，耐用年数です。

法人税法は，資産の種類ごとに，こと細かく耐用年数を定めています。

たとえば，前頁は車両の一部ですが，

このように，法人税法は，資産の種類ごとに，細かく耐用年数を定めているのですが，いくら細かいといっても，定め方が一律になってしまうのはいたしかたないところです。

そこで，K社とかY社のように，会社の個別の事情に合わせて，独自の耐用年数を定め，計算している会社もあるのです。

といっても，このように独自の耐用年数を使用しているケースはごく稀で，一般の中小企業のほとんどでは，法人税法の定めた耐用年数にしたがって計算しています。

☆8　法人税では，平成10年4月1日以降に取得する建物，平成28年4月1日以降に取得する建物附属設備・構築物からは，定額法のみ適用になりました。

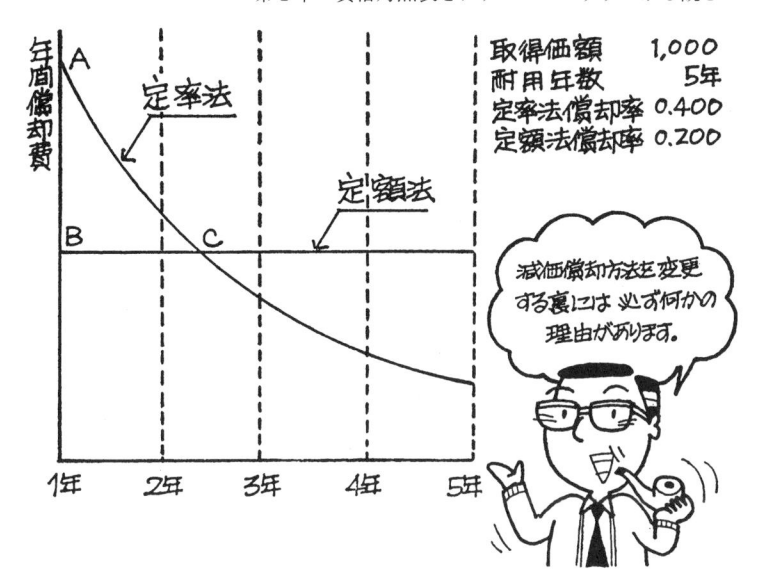

[図: 年間償却費と年数のグラフ。定率法の曲線（A→C→下降）と定額法の水平線（B-C を通る）。取得価額 1,000、耐用年数 5年、定率法償却率 0.400、定額法償却率 0.200。吹き出し「減価償却方法を変更する裏には、必ず何かの理由があります。」]

◆定率法と定額法

つぎは，

　　定率法

　　定額法

とはなにか，です。本頁の図をごらんください。この図をごらん頂ければおわかりのように，定額法というのは，さきほど具体的に例で示した方法です。

　文字通り，年々，平均的に価値が減少していくとみて，毎年，均等額を償却するという方法です。

　これに対して定率法は，図にあるように，資産の価値は，はじめのうちに大きく減り，そののち次第に平均的になっていくとみて，最初のうちに早目に大きく償却しておくという方法です。

◆有税償却による辛い決算

　耐用年数を決め，定率法，定額法いずれを選択するかを決めれば，減価償却費を計算することが可能となります。

　ところで，価値が減少するという表現ですが，これはあくまで机上の計算であって，定めた耐用年数どおりに使えるものなのか，また，償却の途中，すなわちスクラップになる前に中古売却しようとしたとき，はたして資産の帳簿価額どおりに売却できるものなのかどうか，これはなんともわかりません。

　となると，ここに，減価償却に臨む態度というものが，おのずからきまってまいります。

　　　　耐用年数を短くすればするほど
　　　　定額法より定率法によった方が
　　　　償却は早く進みます。

貸借対照表に計上される資産の金額は早目に減っていきます。

　つまり，辛い決算を組むことができるというわけです。

　このことは，K社の有価証券報告書のなかにはっきり裏付けられています。

　有税償却という言葉があります。

　法人税法が認めた限度額以上の減価償却費をあえて計上するという表現が**有税償却**です。

　K社，Y社とともに，有税償却をあえて敢行しています。

◆ツケとしてたまる償却不足

　有税償却の反対語に**償却不足**という言葉があります。

　たとえば，法人税法が認めた償却可能額が1,000万円あるにもかかわらず，500万円の減価償却費しか計上しなかった，これが償却不足です。

　当期の償却前の利益は1,000万円だったとします。

　減価償却費をきっちり計上したら，収支トントン，ヘタをしたら赤字にもな

りかねません。

　こういう事態に陥ったとき，会社がもっとも簡単に利益を生み出す方法のひとつは，減価償却費の計上をやめることです。

　まったく計上しないまでも，法人税法の限度額の範囲内に押さえておくことです。500万円にとどめておけば，利益500万円を簡単に捻出することができるのです。

　ただし，です。

　この償却不足は，翌年以降へのツケとなってたまってきます。

　いったん甘い方法を覚えると，ついついクセになってしまうのが，人間の習性です。

　償却不足がたまってくると，将来ある時期に大きな赤字計上，こういう事態が，やがてやってくるのは必至です。

　ここに，ひとつの統計があります。

　日本の会社を合計すると，法人税法上の減価償却費の限度額は，約42兆5,220億円です。

　これに対して実際に減価償却費として経費に計上された金額は約93％です。

　わが国の会社全体で約7％の償却不足額がある，ということになります。

◆減価償却方法の変更に十分注意

　個別注記表につぎのような注記をみつけたら，十分注意を払って欲しいと思います。

　M社は，ある事業年度の個別注記表に，
　　　「当期から費用配分のより適正化を図るため，法人税法の規定する減価償却方法と同一の基準による定額法を採用することとした。…中略…。この変更により税引前当期純利益は3,027百万円増加している」
こういう注記をしています。

　　定率法から定額法へ償却方法を変更したのです。

その結果，減価償却費が30億円減少し，税引前純利益が30億円増加しているのです。

定率法を続けることに，息切れしてきたのでしょうか。

また，S社は，ある事業年度の個別注記表に，

「有形固定資産の減価償却の方法は，前期まで，第41期以降取得に係る賃貸営業用の建物付属設備，建築物，機械・装置については定額法，その他は定率法を採用していたが，減価償却の方法を統一し，財務内容のより一層健全化を図るため，当期からすべて定率法を採用することに変更した。この変更により，減価償却費が1,158百万円増加し，税引前当期純利益が同額減少した結果となっている」

と注記しています。

定額法から定率法へ償却方法を変更したのです。

将来の業績に，明るい見通しがたったのかもしれません。

このように，減価償却方法の変更については，十分注意する必要があります。

◆ 利用したい特別償却の特典

減価償却ということについて，もうひとつ触れておきましょう。

特別償却についてです。

特別償却という言葉を一度や二度はお聞きになったことがあるかもしれません。

この特別償却というのは，法人税法の取扱いです。

たとえば，**中小企業者等の機械の特別償却**という特例があります（☆9）。

☆9　特別に償却するとは

　　資本金1億円以下の会社（一定の会社*を除く）が対象です。購入する機械ですが，新品であって，1台**160万円以上**のもの，でなければなりません。つぎに，特別に償却できる金額ですが，**機械の取得価額の30%**です。したがって，たとえば，1,000万円の新品の機械の購入で，300万円を余分に，特別に償却できる，というわけです。

　　また，測定工具などの一定の工具，ソフトウエアについても特別償却できます。

法人税法が定めた一定の機械を購入すると，購入した年度に，一般の償却限度以上の償却をすることを，特別に認めてあげよう，これが特別償却です。

特別償却とは，まさしく法人税法の特典です。

この特典を利用しない手はありません。

せっかく特別償却できるのに，特別償却を放棄していた，というようなケースがないかどうか，厳しくチェックする必要があります。

◆減価償却累計額の計上方法は

渋谷商事の有形固定資産をごらんください。

建物，機械，車両，備品と4つの資産が計上されています。

ここで，読者の皆さんにクイズをひとつ。

　　建物　　100万円

　　機械　　 40

　　車両　　 20

　　備品　　 20

これらの金額は，減価償却をした後のものでしょうか。

それとも，購入した金額がそのまま計上されているのでしょうか。

答は，**償却後の金額**というのが正解です。

なぜなら，減価償却累計額という科目が見当たらないからです。

つぎの上場会社2社のある事業年度の貸借対照表をごらんください。

双方の貸借対照表に，きわだった相違がみられます。

＊一定の会社とは，次の会社をいいます。
　①資本金1億円超の大規模法人にその株式の2分の1以上を所有されている会社
　②複数の大規模法人にその株式の3分の2以上を所有されている会社

（S社）		（M社）	
有形固定資産	55,354百万円	有形固定資産	28,703百万円
建物	18,653	建物	6,909
構築物	13,413	構築物	1,585
機械装置	73,758	機械装置	6,200
船舶	4	車両運搬具	18
車両運搬具	1,650	工具器具備品	1,495
工具器具備品	2,920	土地	8,916
土地	10,466	建設仮勘定	3,580
建設仮勘定	5,498	：	：
減価償却累計額	△71,008	（個別注記表）　有形固定資産の減価償却累計額33,037万円	

　S社は，いままで計上してきた減価償却累計額を，有形固定資産の一番最後に表示し，△をつけています。

　いっぽう，M社は減価償却累計額を貸借対照表では表示していません。

　そのかわり，個別注記表に減価償却累計額を掲示しています。

　つまり，M社は建物や機械の価値の減少分を，資産の金額からいきなりマイナスしているのです。

　そして，そのマイナスしてきた金額を減価償却累計額として，個別注記表に注記したのです。

　S社方式，M社方式，いずれでもかまいません。

☆

　渋谷商事の貸借対照表をごらんください。

　渋谷商事は，M社方式です。

　したがって，さきほどのクイズの答は，償却後の金額が計上されている，が正解なのです。

　渋谷商事の場合，M社のように減価償却累計額の個別注記表への注記がありません。

会社計算規則では，株式譲渡制限会社は，この注記を省略することができるのです。

したがって，残念ながら，減価償却累計額という情報を得ることができません。

※ 株式譲渡制限会社とは，その会社が発行しているすべての株式について，その株式を譲渡する場合には，会社の承認を要する，という規定を定款に規定している会社をいいます。

◆**減価償却累計率を求める**

つぎの算式は，なにを求めているのでしょうか。

$$\frac{減価償却累計額}{有形固定資産（除く土地）の取得価額}$$

減価償却が，どこまですすんでいるかを表す算式，つまり**減価償却累計率**を求める算式です。

S社とM社の，それぞれの減価償却累計率を計算してみましょう。

S社は，

$$\frac{71,008}{110,398} = 64.3\%$$

M社は，

$$\frac{33,037}{49,244} = 67.1\%$$

両者とも，6〜7割まで償却が進んでいます。

有形固定資産のうち，すでに，6〜7割が費用に落ちているわけです。

したがって，残りの3〜4割が未償却の残高というわけです。

いいかえれば，これから減価償却費として経費に落とさなければならない，いわば将来の減価償却費のカタマリが3〜4割，というわけです。

12　土地の含み

> 土地の"含み"は決算書の裏に潜む"実力"です。

貸借対照表に計上されている土地の価額は**買ったときの値段**です。

したがって，古くから所有している土地であればあるほど，土地には含み益がある，ということになります。

会社には，歴史というものがあります。

古きがゆえに尊からずではありませんが，古くに設立した会社ほど，含み益のある土地を所有しているケースが多いものです。

会社の創業ははたしていつだろうか，決算書を読むとき，こんなことにも注意しておくと，思わぬ参考になることがあります。

◆追加計上される土地購入時の諸費用

土地は，買ったときの値段で貸借対照表に計上されるわけですが，その後の，

　　測量費
　　地盛費
　　地ならし費
　　埋立費

などの費用も，土地の価額に追加されます。

坪10万円で買った土地が，貸借対照表には15万円で計上されていた，という場合は，このようなケースです。

けっして，評価益を計上したわけではありません。

◆土地の時価を調べてみる

ここで，土地の時価というものを考えてみましょう。

貸借対照表の金額は，再三再四述べるように，原価で計上されます。

ということは，会社の真の資産内容，財産力，といったものをつかむためには，時価に引き直せば，はたしてどのくらいの資産になるのだろうか，という計算をすることが大切です。

◆時価推定時に参考となる価格

土地の時価といっても，ひと口には出てこないものですが，一般に公表されているものでは，

　　　　国土交通省が公表する**基準地価**
　　　　各市町村が公表する**固定資産税評価額**
　　　　税務署が公表する**路線価**

などがあります。

固定資産税評価額というのは，文字通り，固定資産税を課税するための基礎

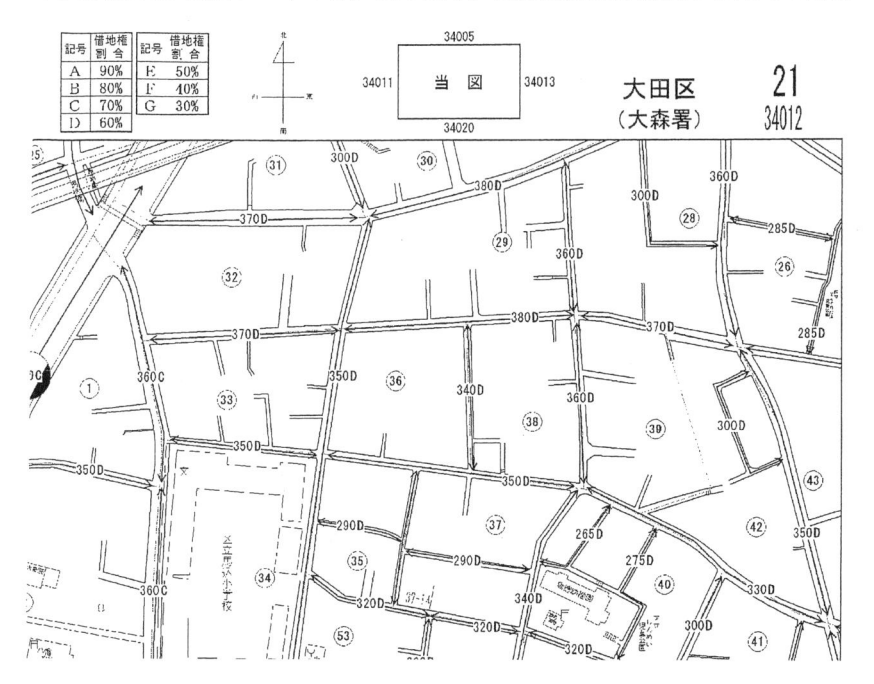

となる土地の金額です。

　毎年１月１日現在の土地の価額を，市町村（東京都の場合は都税事務所）が調べて，固定資産税の対象とするのです。

　毎年１月１日といっても，いったん決めた価格は３年間据え置かれます。

　平成24年はその評価替えの年にあたります。

　したがって，平成24年につけられた価額は，平成25年，平成26年とも，同じ価額となります。

　この固定資産税評価額は，東京都であれば都税事務所，その他は市町村役場で調べることができます。

　このような固定資産税評価額を調べて，土地の時価を推定する方法がひとつあります。

　また，路線価を調べるという方法もあります。

　税務署は，これも同じく毎年１月１日現在で，全国の主要な市街地の道路について，１㎡当りの時価を評価し，それを路線価図という地図の形にまとめています（☞前頁の図）。

◆**時価算出の目安**

　この路線価というのは，もともと**相続税**の計算をするとき，土地の評価額を算定するために用意されているものです。

　したがって，実際に取引される相場からみれば，低めに押さえられています。

　そこで，時価を計算するときは，**路線価のおよそ1.25倍**を目安にして頂きたいと思います。

　およそ1.25倍をメドにして頂ければ，それほど大きな狂いはなく，時価を推定することができるのです。

　なお，路線価図は各税務署の資産税課というところに用意されています。

　このように，決算書の裏にひそむ実力というものを推し計るのも，きわめて立体的な決算書の読み方のひとつだといえるでしょう。

13 建設途上の資産

"建設仮勘定"があれば設備投資の真最中。金利負担も無視できません。

建物などの減価償却の対象となる資産，そして土地とみてきました。

有形固定資産の残るひとつは，**建設仮勘定**です。

この建設仮勘定というのは，きわめてユニークな性質をもった資産です。

◆建設期間中の出費

たとえば土地を買い，そのうえに工場を建てる場合を考えてみましょう。

まず，土地を取得します。

さらに，土地を整地し，建物の建築に着手します。

建物が完成したら，つぎは機械や備品を搬入します。

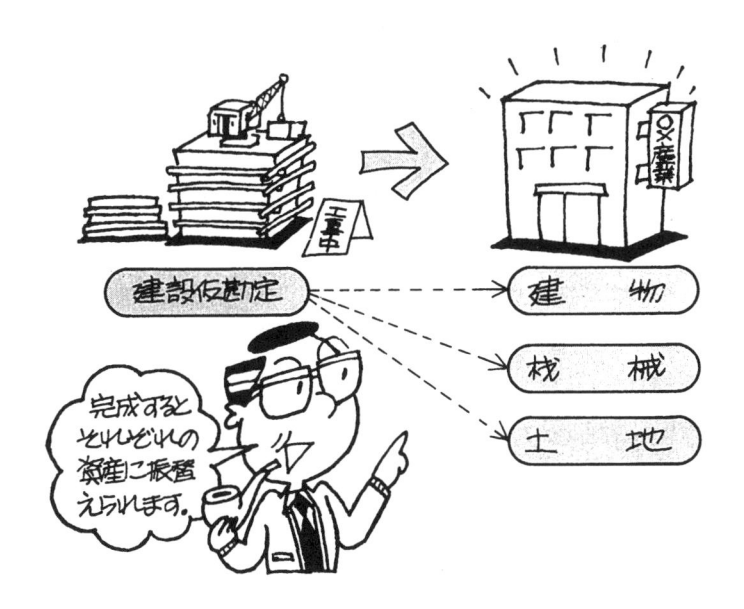

図表　設備投資（対前年度増加率）
財務省「法人企業統計」より

全産業（リース業除く）　　　　　2.4%
非製造業（リース業除く）　　　　3.8%
リース業　　　　　　　　　　　△49.3%

　このように，ひとつの工場ができ上がるまでには，いろいろな段取りを経ることになります。
　しかも，かなりの長期計画が必要です。
　もちろん，そのつど支払いがおきます。
　土地の購入に際しては資金が必要ですし，建物を建築するにあたっては，労務費などの経費を支払わなければなりません。
　これらのもろもろの出費，それが建設仮勘定という科目にいったん納まるのです。
　建設期間中は，さまざまな出費のすべてをいったん建設仮勘定に集中させます。
　そして，工場の建設が完了し操業が開始されると，その時点で，前頁の図のようになります。
　このように，それぞれの資産に振替えられるのです。
　したがって，建設仮勘定という資産が有形固定資産に計上されていたら，その会社は，**設備投資が続行中**だな，ということがただちにわかるわけです。
　上場会社Ｔ社のある事業年度の有形固定資産は1兆1,655億円。
　建設仮勘定は763億円。
　有形固定資産のうちおよそ15分の1は，設備投資の真最中である，というわけです。

◆**設備投資期間中の金利負担**

　つぎに，建設仮勘定と金利について，お話したいと思います。

設備投資を始めるとなると，まず，さきだつものは資金です。

すべて自分のお金でまかなえるのであれば結構なことですが，大部分の会社は，銀行から借金をしなければ，ということになるでしょう。

借金をすれば，もちろん金利を負担しなければなりません。

会社が支払う金利というのは，まさしく経費です。

利益のマイナス要因のひとつです。

ところで，設備投資がいまだ進行中ということは，もちろんその新工場がまだ稼働前である，ということを意味します。

すなわち設備の稼働前に，支払金利が先行する，経費が先行する，ということを意味します。

従来の設備による営業活動が，将来誕生する新設備の金利を負担しなければならない，ということになります。

設備投資額が大きくなると，この負担は無視し得ません。

ヘタをすると，設備投資中に赤字転落という事態にもなりかねません。

そこで，これを避けるために，金利を建設仮勘定のなかに含めます。

金利を経費としてあげずに，建設仮勘定に含め，**資産計上**するのです。

そうすれば，建設中の金利は経費とはなりません。

いったん建設仮勘定となり，将来，建物とか機械の取得価額に含まれ，減価償却という手続きを経て，費用になっていく，こういうことになります。

あえて，こういう方法をとらなくともよいのは，もちろんのことです。

金利は経費には違いはないのだから，そのつど経費に落としていくのが，原則であることには違いありません。

14 無形の資産

「土地値上がり益の大半をものにできる借地権の含みを見落とさないように。」

有形固定資産を読んできました。

つぎは，無形固定資産の説明に移りますが，その前にひとつだけ触れておきたい点があります。

土地の表示場所です。

土地は有形固定資産のところに，土地として区分して表示されるわけですが，そのほかにも，いろいろなところに顔を出すケースがあります。

まず，流動資産です。

上場会社のS社のある事業年度の流動資産には，**販売用不動産**として，1,441億円もの土地等が計上されています。

そして，もうひとつ，建設仮勘定のなかに土地が含まれている，ということもあります。

このように土地ならすべて有形固定資産と一言で片付けられないことになります。

有形固定資産に土地として表示されるのは，工場の土地，本社の土地，支店の土地ということであって，

　　　販売目的の土地は流動資産

このように別の場所で表示されるわけです。

土地は有形固定資産，という固定概念にとらわれないように。

◆さまざまな無形固定資産

　　　特許権
　　　商標権
　　　実用新案権

意匠権
借地権
鉱業権
電話加入権

権と名がついているこれらの資産は，すべて無形固定資産です。

有形固定資産のつぎに，無形固定資産として表示されます。

このなかから，借地権について説明しておきましょう。

◆借地権と権利金

東京都内でいま新たに土地を借りて，ビルを建築しようと思えば，多額の権利金を支払わなければなりません。

坪1,000万円の土地であれば，坪当りの権利金は，700万円や800万円にもなります。

なぜこのような多額の権利金を支払ってまで土地を借りるのか，といえば，権利金を支払いさえすれば，借地権という大変強い権利を手にすることができるからです。

ですから，権利金というのは，借地権を会社のものにするための対価，ということになります。

このようにして手に入れた借地権は，無形固定資産に**借地権**として表示されます。

◆大きな含み資産"借地権"

昭和の初めに，東京都内の目抜き通りに土地を借りて本社ビルを建てたとしましょう。

本社ビルはその後，何回も修理は施しましたが，建て替えたことは一度もありません。

来客には、いかにも古いビルという印象を与えます。

ところで、この会社は、土地とか機械を所有しておりません。

なにぶん、貿易商社ですから。

また、無形固定資産といえば、わずかばかりの特許権と電話加入権だけです。

さて、読者の皆さん、この会社をどう思われますか。

営業成績がどうなっているかはわかりませんが、少なくともたいした資産は持ち合わせていない、と思われるのではないでしょうか。

ところが、実は、この会社にはかくれた資産があったのです。

しかも、ただいまの説明のなかに、その資産は登場しているのです。

借地権、です。

昭和初期に土地を借りたときは、権利金をやりとりするという習慣はありませんでした。

したがって、この会社の資産の部のどこを探しても、借地権という科目は見当たりません。

ところが、昭和初期と比べると、この土地の価額は飛躍的に上昇しました。

現在は坪1,000万円は下らないといってよいでしょう。

たとえば、この土地の借地権割合が8割だとすれば、坪800万円は、この会社の借地権なのです。

土地の値上がりの大半を、この会社は自社のものにしたのです。

大変な含み資産を有していることになるのです。

ビルが古いことなど、問題ではありません。

◆**減価償却しない資産**

数ある無形固定資産のなかで、減価償却の対象とならないものが2つあります。

　　　電話加入権
　　　借地権

です。

　減価償却は，年々価値が減少する資産を対象にして計算します。

　現金預金が減価償却の対象とはならないのと同様，あるいはまた，土地が減価償却の対象とはならないのと同様，電話加入権や借地権は，価値が減少しないという理由から，減価償却をする必要はないのです。

　したがって，借地権や電話加入権を除くほかの無形固定資産は，償却後の金額が貸借対照表に計上されている，ということになります。

15　積極的な投資と消極的な投資

（吹き出し：流動資産失格で"投資その他の資産"にまぎれ込んでいる資産にご用心を。）

　　　　　　　　　　　　　　流動資産の部に記載されなかった，
　　　　　　　　　　　　　　　　前払費用
　　　　　　　　　　　　　　　　金銭債権
　　　　　　　　　　　　　　　　有価証券

は，投資その他の資産の部に記載されます。

　もう一度，流動資産のところの説明を思い出してください。

　　　　１年基準
　　　　営業循環基準

このふたつが，流動・固定の分類基準である，と説明しました。

　営業循環基準というのは，一連の営業活動のなかで生じる，

　　　　受取手形
　　　　売掛金
　　　　たな卸資産

などは，すべて流動資産に計上される，というもの。

　いっぽう，それ以外の資産については，１年以内に回収されるかどうかにより，流動資産と投資その他の資産を区分する，ということでした。

　３年分の地代家賃を，一度に前払いすれば，

　　　　１年分の前払分は流動資産（前払費用）
　　　　２年分の前払分は投資その他の資産（長期前払費用）
となります。
　貸付金についても，同様です。
　返済期限が１年以内にくるものは，流動資産（短期貸付金）
　返済期限が１年を超えるものは，投資その他の資産（長期貸付金）
ということになります。

◆株式所有の割合等で決まる"親子関係"

　会社法では，子会社の範囲は，株式所有割合基準と支配力基準によることになっています。
　株式所有割合基準による子会社とは，
　　　その株式が50％を超えて所有されている会社をいいます。
　つまり，
　　　持ち株比率50％を超えて株式を所有している会社を
　　親会社
　　　持ち株比率50％を超えて株式を所有されている会社を
　　子会社
といいます。
　子会社株式は，「投資その他の資産」に計上されます。
　その際には，投資有価証券の中に含めて表示することはできず，別建てで，**関係会社株式**として表示しなければなりません。
　貸借対照表に計上される子会社株式の金額は，原則として，親会社が子会社に対して行った投資金額，つまり，取得価額が計上されます。
　また，支配力基準による子会社の範囲は，次の①または②に掲げる会社をいいます。

※議決権割合 ＝ $\left(\dfrac{\text{他の会社とその子会社等の}\\\text{合計議決権の数}}{\text{総株主の議決権の数}}\right)$

① 議決権割合が，40％から50％まで所有されている会社で，次の㋐から㋓までのいずれかに該当する会社等

　㋐ 同じ内容の議決権を行使すると認められる者を含む議決権割合が，50％超

　㋑ 親会社出身の取締役等の割合が，50％超

　㋒ 親会社（緊密な関係者を含みます。）からの融資（保証や担保提供を含みます。）割合が，50％超

　㋓ 経営支配の契約等の存在

② 議決権割合が，40％未満所有されている会社で，次に該当する会社等

　　①の　㋐の条件と，①の㋑から㋓までのいずれかの条件に該当する会社等

なお，子会社となる法人には，

　　　株式会社，特例有限会社，持分会社，外国会社など

が含まれます。

◆子会社株式は関係会社株式

　子会社の株式は，関係会社株式として，投資その他の資産の部に表示されるわけです。

　投資有価証券として，他社の株式と一緒に表示することはできないのです。

☆10　**子会社は親会社の株式を持てない**

　　子会社が親会社の株式を所有する，というケースがときたまあります。このケースでは，出資のため親会社から子会社へ流入した資金が，子会社が親会社の株式を所有することによって再び親会社へ戻っています。この事態を避けるため，会社法は，**子会社が親会社の株式を所有することを禁止**しています。

したがって，その会社に子会社があるかどうかは，投資その他の資産に関係会社株式があれば，その可能性がある，というわけです。

◆**子会社の倉庫に眠る親会社の商品**

会社の本当の実力を判断するためには，子会社を含めたグループ全体の力を総合してみなくてはなりません。

親会社が子会社に商品を押し込み販売する，という例はしばしば見られます。

親会社には，売上がたちます。

子会社は，商品を仕入れたことになります。

この商品が，子会社でもすぐ販売されれば，問題はありません。

警戒しなければならないのは，子会社の倉庫に，親会社から仕入れた商品が山積みされている，という場合です。

グループ全体からみた場合，はたして販売完了，と言えるでしょうか。

このような場合，親会社の決算書だけをみても，企業グループ全体の本当の業績を判断することはできません。

親会社は，この取引で利益をあげています。

企業グループ全体でみた場合，この利益は，本当の利益と言えるでしょうか。

親会社で売れ残った商品を，支配力を利用して子会社に押し込み販売をしたのかもしれません。

確かに，親会社単独でみた場合には，売上があり，利益をあげています。

でも，親子会社を１つの会社としてみた場合，親会社というある部門の倉庫から，子会社という他の部門の倉庫に商品を移動させただけなのです。

ですから，このような場合には，親会社が計上した売上と利益はなかったものとして考える必要があるのです。

つまり，グループ会社間という身内の中の取引はなかったものとして作成した決算書が，連結決算書，すなわち，連結財務諸表です。

親子会社間の取引と債権債務，および子会社の資本金と親会社の子会社株式

〈子会社の決算書を入手して調べます〉

$$\frac{子会社の純資産の部の金額}{子会社の発行株数} = 時価（1株当り）$$

子会社株式には意外な"含み"がみつかることがあります。

は，全て相殺消去します。

　相殺後の，グループ外の会社との取引による業績が，親子会社の連結ベースでの業績となるのです。

　海外では，すでに連結決算が定着しています。

　そこで我が国でも，連結決算を重視する制度への移行が検討され，その結果有価証券報告書の記載が，2000年3月期より連結決算中心の記載に改められました。

　経営者も，決算書の読者も，連結決算書を読みこなすことが必要になっています。

◆子会社株式の含みに注意

　渋谷商事には，子会社があると想像されます。

　投資その他の資産に1,200万円の関係会社株式が計上されています。

　この1,200万円という金額は，関係会社株式の取得価額です。

　たとえば，発行価額500円，発行した株式は2万4,000株，したがって資本金は1,200万円。

こういう会社を，親会社の全額出資で設立すれば，親会社の投資その他の資産には，関係会社株式として1,200万円が計上されるわけです。

子会社株式は出資したときの価額で計上される，ということは，たいへん重要なポイントです。

子会社の業績が順調であるかどうかによって，子会社株式の時価は変化します。

優秀な子会社であれば，子会社株式の1株当り金額は500円を上回るでしょう。

累積欠損が相当たまってしまったというような親不幸な子会社であれば，500円の発行価額割れ，ということにもなるでしょう。

といっても，貸借対照表に計上されている子会社株式の金額は，1株500円のまま据え置かれます。

時価が，どう変化しても，出資したときの金額のままなのです。

つまり，含み益，含み損，双方の可能法をはらんでいるのが，子会社株式というわけです。

ある会社の有価証券報告書には，

「関係会社株式のうち，著しく財政状態が悪化したため，50百万円の評価減額を要すると認められるものがある」

という公認会計士の監査意見が述べられています。

◆子会社株式の時価を調べる

もし，子会社の決算書が手に入ったら，つぎの計算をしてみましょう。

子会社株式の時価を求める算式です。

たとえば，渋谷商事の子会社の純資産の部の合計金額が2,400万円であったとします。

$$\frac{2,400万円}{24,000株} = 1,000円$$

つまり，1株当り500円の出資で設立した子会社の株式の時価は，1株当り1,000円と倍になっている。

いいかえれば，1株当り500円の含み益が生じている。
ということになります。

◆関係会社・関連会社

ところで，よく，A社は，当社の関係会社であるとか，あるいは，関連会社であるといったことを耳にしたり，言ったりすることがあります。

この関係会社とか関連会社というのは，どういう会社なのでしょうか。

会社と会社の関係は，いろいろな形で発生しますが，最も強い関係は，株式の所有による結びつきです。

そして，最強の結びつきが，株式を50％を超えて所有しているか，支配力基準による子会社です。

株式を過半数所有していれば，相手会社を支配することができます。

では，株式の所有が，50％以下で，子会社に該当しない会社の場合はどうでしょうか。

株式の所有関係が50％以下でも，ある程度の所有があれば，相手会社の経営に対して，なんらかの影響を及ぼすことができます。

50％以下でも，役員を派遣したり，取引に重要な影響力を及ぼしたりすることが可能です。

そこで，子会社以外の他の会社の株式を50％以下の所有割合で，一定の要件に該当している場合に，相手会社のことを，関連会社と呼びます。

関連会社とは，会社が子会社以外の他の会社を有する場合において，その会社に対し出資，人事，資金，技術，取引等の関係を通じて，財務および営業または事業の方針の決定に対して重要な影響を与えることができる場合の，当該他の会社をいいます。

財務および営業または事業の方針の決定に対して重要な影響を与えることができる場合とは，つぎのとおりです。

① 子会社以外の他の会社等の議決権の20％以上を所有している場合（株式

所有割合基準)

② 子会社以外の他の会社等の議決権の15％以上20％未満を所有している場合で，かつ，つぎに掲げるいずれかの要件に該当する場合（支配力基準）

　㋐ 役員，自己の業務を執行する社員もしくは使用人である者，または過去に役員もしくは使用人であった者で，他の会社の財務および営業または事業の方針の決定に関して影響を与えることができる者が，当該他の会社の代表取締役，取締役または，これらに準ずる役職に就任していること

　㋑ 重要な融資を行っていること

　㋒ 重要な技術を提供していること

　㋓ 重要な販売，仕入その他の営業上または事業上の取引があること

　㋔ その他，財務および営業または事業の方針の決定に重要な影響を与えることができると推測される事実が存在すること

①または②に該当しない場合，すなわち議決権の15％未満の所有であっても，つぎのような場合には関連会社となります。

自社と出資，人事，資金，技術，取引等において，緊密な関係があることによって自社と同一の内容の議決権を行使すると認められる者および自社の意思と同一の内容の議決権を行使することに同意している者が所有している議決権とあわせた場合に，当該他の会社等の議決権の20％以上を占めているときで，かつ，②で述べた要件のいずれかに該当する場合

そして，子会社と関連会社を総称して，関係会社と呼ぶのです。

$$\text{関係会社}\begin{cases}\text{子会社}\\\text{関連会社}\end{cases}$$

会社が形成している企業集団としての大きさは，子会社だけではなく，関連会社も含めてみる必要があります。

残念ながら，通常の決算書では，関連会社の株式は，関係会社株式に含めて表示されますので，その情報を入手するのは，困難です。

上場会社であれば，有価証券報告書を見ることができますので，関係会社に関する情報を入手することができます。

◆投資"その他の資産"の意味

　投資その他の資産で注意しなければならないのは，"その他の資産"という言葉です。
　投資ではなく投資**その他の資産**となっていることに，注意を払わなければなりません。
　ある会社のある事業年度の投資その他の資産には，投資有価証券とか，関係会社株式と並んで，

　　　　固定化営業債権　29,600万円

が表示されています。
　固定化営業債権とはなんでしょうか。
　さきに，

　　　　売掛金
　　　　受取手形

というような，営業にまつわる債権は，たとえ回収期間が1年を超えるものであっても流動資産，と説明しました。
　その際，あえて触れませんでしたが，ただひとつだけ，実は，例外があったのです。
　それは，**破産債権とか更生債権**です。
　たとえ回収ペースがきわめて遅いものであっても，営業債権でさえあれば流動資産なのですが，相手方が倒産して破産会社になってしまったとか，相手方が倒産して会社更生法の適用会社になってしまった，というような営業債権は，1年基準が適用されます。
　したがって，このような債権のうち，1年を超えて回収されるものは，投資その他の資産となります。

投資その他の資産に引越しをして，表示されるのです。
この会社は，固定化営業債権，と表示しています。
その細かい内容は，よくわかりません。
たとえ破産債権とか更生債権があっても，まさか，投資その他の資産に，
　　　　破産，更生債権
と正直に告白する会社はないでしょう。
固定化営業債権と表示しますから，そのへんの苦しい胸のうちをぜひ察知してください，というところでしょうか。

◈投資"その他の資産"の正体は？

投資という言葉からは，あるひとつの余裕といったイメージがあります。
潤沢な資金を積極的に運用している，というように。
けれども，貸借対照表は，投資その他の資産です。
流動資産たる資格を失って，やむなく引越してきた資産もあるのです。
投資その他の資産はきっちり読む必要がある，というのはここにあります。
渋谷商事の長期貸付金はいったいなんなのか，調べてみたいとは思いませんか。

16　はたして資産？

> 繰延資産は，やがて売上増をもたらす予定の目に見えない資産です。

繰延資産とはいったいなんでしょうか。

☆

開発費を例にあげて，**繰延資産**とはなにかを，解明することとしましょう。

新たな新製品の開発にむけて，研究に着手したとします。

まず類似製品を収集し，なんどもなんども試作品を製作してはスクラップにし，という繰り返しで，1年間過ぎてしまいました。

この1年間につかった開発費が，かりに1億円であったとしましょう。

そして，この会社は，売上高が10億円，開発費を計上する前の利益は1億円であったとします。

開発費は，読んで字のごとく費用です。

利益からマイナスしなければなりません。

売上高	10億円
経　費	9億円
開発費計上前利益	1億円
開発費	1億円
利　益	0

結局，利益はゼロとなってしまいます。

つぎの年，前の年の研究努力が実って新製品開発が成功し，少しずつ市場に出まわり始めたとします。

この新製品のおかげで，売上高は倍増し，

売上高	20億円
経　費	18億円
利　益	2億円

このように，2倍の利益を計上することができました。

となると，昨年の決算が悔まれます。

利益ゼロの決算となってしまい，銀行や株主に，ヒヤ汗をかきながら説明した記憶がまざまざと思い出されます。

開発費をなんとかする方法はなかったのだろうかと。

もし，昨年計上した開発費が5,000万円であったならば，昨年少なくとも5,000万円の利益を計上することができたわけです。

もし，

(昨年)			(今年)	
売上高	10	売上高	20
経　費	9	経　費	18
開発費	0.5	開発費	0.5
利　益	0.5	利　益	1.5

というような決算が組めたなら。

それを可能にするのが，繰延資産なのです。

◆将来の売上に寄与する費用

　開発費は，たしかに，支出した年の費用です。

　支出した年の費用である以上，支出した年の損益計算書に費用としてのせるのが本筋，というものです。

　けれども，よく考えてみると，この費用は支出した年の売上にはなんら貢献しておりません。

　開発研究をした年の努力が花開き，翌年の売上増という成果をもたらしたものなのです。

　ということであれば，翌年の費用としたらどうだろうか。

　翌年に費用を繰延べることはできないのだろうか。

　このような要求がでてきても，不思議ではありません。

　繰延資産は，まさにその要求を満たすのです。

　開発費は支出した年の損益計算書にのせないでおきます。

　損益計算書にのせないということは，どういうことなのでしょうか。

◆目にみえない"資産"

　実は，貸借対照表に計上するのです。

　たとえば，1億円の機械を購入したとします。

1億円という現金がなくなるかわりに，機械という資産が手に入ります。
　1億円の現金が出ていって，そのかわり機械購入費という費用が計上されるわけではありません。
　機械という資産が，貸借対照表に計上され，この機械は，減価償却という手続を経て少しずつ費用となっていきます。
　これと同じことをやるのです。
　1億円の現金が出ていって，そのかわり機械のように目に見えるものではないけれども，開発費という資産を手に入れた，とするのです。
　こうしておけば，支出した開発費を，損益計算書に登場させないことができます。
　こうして，資産に計上された開発費は，翌年になって，その成果を反映した売上高からマイナスするのです。

◆繰延資産は繰延費用？

　繰延資産というのは，いわば**費用の繰延べ**です。
　繰延費用といったほうが，その内容を適切に表現しているかもしれません。
　ただいまの例で説明したように，開発費という費用は，翌年の売上高に負担させたほうが合理的であるに違いありません。
　しかし，です。
　機械と繰延資産との間には，根本的な相違があります。
　機械は，あくまで財産です。
　担保に入れることもできます。
　下取りに出すこともできます。
　開発費はどうでしょうか。
　担保に入れることもできなければ，下取りに出すこともできません。
　すでに消えてしまった費用なのですから。

◆会社法で定める５つの繰延資産

　会社法は，繰延べることができる費用を，５種類かかげています。

　創立費，開業費，開発費，株式交付費，社債等発行費です。

　そして，繰延べることを認める費用は，この５種類に限定しています。

　新製品の宣伝，キャンペーンを大々的に打ち出し，多額の広告宣伝費を支出した。

　この支出は，つぎの期以降の売上に実ってくるはずだから，広告宣伝費を繰延資産にしておこう。

　こういった処理は，いっさい認めておりません。

　また，会社法は，繰延資産を認めてはおりますが，かなり消極的な認知のしかたをしています。

　つまり，繰延資産としてもよいし，一気に費用としてもよろしい，という態度なのです。

　会社の選択にまかせているのです。

　そして，この繰延資産は，償却をして，少しずつ金額を減らしていかなければならない，と定めています。

◆法人税法の繰延資産の広い枠

　繰延資産について，もうひとつ忘れてはならないのは，法人税法の規定です。

　法人税法は，

　　　　ノーハウの頭金

　　　　建物を借りる場合などの権利金

　　　　同業者団体等の加入金

などは，繰延資産として取扱い，一時の費用としてはならない，と取扱っております。

　会社法よりも，繰延資産の枠を広げているわけです。

しかも法人税法は，これら法人税特有の繰延資産の計上を強制しております。

損として落としたとしても，損とは認めませんよ，利益に加えなければなりませんよ，

というわけです。

貸借対照表上，繰延資産として表示するのは，会社法上の繰延資産のみですので，これらの費用を，長期前払費用等として，「投資その他の資産」に計上している会社が，たくさんあります。

17　無借金会社でも負債が存在

資産の内容をいろいろな角度から検討してきました。

つぎは，貸借対照表の右側に目を移してみましょう。

負債と純資産を読んでいきたいと思います。

◆資産の調達先は

　　　資産＝負債＋純資産

この算式は，きっちりと頭の中に入っておられるものと思います。

会社が所有するさまざまな資産は，負債あるいは純資産，どちらからか調達されている，ということを，この算式は意味します。

たとえば，

　　銀行から1,000万円の借金をすれば，

　　　　（資産）　　　　　　　（負債）

　　現金預金　　1,000万円　　借入金　　1,000万円

株主に増資を依頼し，1,000万円の払込が完了すれば，
　　　（資産）　　　　　　　　　（純資産）
　　現金預金　　1,000万円　　資本金　　1,000万円

となります。
　つまり，負債とか純資産という貸借対照表の右側は，左側の資産の調達先を示すものだということになります。

　　　資産の調達先が**株主の場合は**，純資産
　　　資産の調達先が**株主以外の第三者の場合は**，負債

と区分されます。

◆刻々と姿を変える"純資産"と"負債"

　借入金とか資本金の**金**という言葉にまどわされないように。
　借入金にせよ，資本金にせよ，いずれも，貸借対照表の右側にあることに注意してください。
　金という言葉がついていることから，**うっかりすると，**
　　銀行から借りた借入金というお金が，金庫のなかにある。
　　株主から調達した資本金というお金が，金庫のなかに入っている。
と思いがちです。
　借入金とか資本金というお金が，会社の金庫のなかにいつまでもしっかり保存されているわけではありません。
　銀行から借りた1,000万円という現金預金は，いつまでも現金預金にとどまっているわけではありません。
　そのお金で商品を仕入れたら商品に，土地を買えば土地に，株を買えば有価証券に，調達したお金は時々刻々，いろいろな資産に姿を変えていきます。
　けれども，銀行に借金を返済するまでは，貸借対照表の右側の金額は変わりません。
　常に1,000万円と固定されたままです。

①現金預金　1,000万円　　借入金　1,000万円

②商品　　　1,000万円　　借入金　1,000万円

③土地　　　1,000万円　　借入金　1,000万円

④有価証券　1,000万円　　借入金　1,000万円

　①の時点でも，②の時点でも，③でも④でも，右側は常に借入金1,000万円です。

　資本金とて，同様です。

　資本金というお金が，つねに金庫の中にあるわけではありません。

　資本金が金庫の中にあるのであれば，資本金は，貸借対照表の左側に位置するはずですから。

　そんなことは言われなくてもあたりまえではないか，と思われる読者の方がたが多いことでしょう。

　たしかに，あたりまえのことなのです。

　けれども，こんなあたりまえのことを，案外誤解されている向きもごく一部にあるのです。

◆自己資本比率を調べる

　他人資本とか，自己資本という表現が，しばしば使われます。

　ここで使われる資本という言葉は，資金の調達先のことであって，

　　　他人資本とは，第三者からの調達

　　　自己資本とは，株主からの調達

を意味します。

　したがって，貸借対照表でいえば，

　　　負債が，他人資本

　　　純資産が，自己資本

ということになります。

　この言葉に関連して，**自己資本比率**という言葉を覚えておきましょう。

自己資本比率は，

$$\frac{自己資本}{他人資本＋自己資本} \times 100$$

と計算します。

ということは，貸借対照表の数字からは，

$$\frac{純資産合計}{負債・純資産合計} \times 100$$

と計算します。

会社の総資産のうち，自己資本でどのくらいまかなわれているか，という指標が，この自己資本比率です（☆11）。

◆必ず買掛金・未払金が発生

トヨタ自動車は無借金経営である，ということがよくいわれます。

無借金経営ということは，トヨタの自己資本比率は100％ということなのでしょうか。

☆11　財務省「法人企業統計」によると，自己資本比率は，つぎのとおりです。

自己資本比率

（単位　％）

全産業	34.9
製造業	43.2
非製造業	31.6
資本金	
10億円以上	42.2
1億円〜10億円	34.5
1,000万円〜1億円	30.7
1,000万円未満	7.6

実際に，確認してみましょう。

トヨタの決算書をみると，

　　　総資産　　　8兆8,171億円
　　　純資産　　　5兆9,846億円

となっています。

したがって，自己資本比率は，

　　　5兆9,846億円／8兆8,171億円＝67.9％

およそ70％になります。

自己資本比率は，100％ではありませんでした。

会社を経営する以上，

　　　買掛金
　　　未払金

といった負債は，かならず発生します。

決算期末に，

　　　買掛金　ゼロ
　　　未払金　ゼロ

という会社は，まずありません。

したがって，自己資本比率が100％の会社など，そもそもあり得ないのです。

18 引当金をはじめとするさまざまな負債

借入金比率から，いろいろと分析が可能です。

負債の部を具体的にみていきたいと思います。

負債の部は，

流動負債

固定負債

に分かれます。

流動と固定の区分の基準は，資産の場合と同じです。

例の，

　　1年基準

　　営業循環基準

です。

営業にまつわる，

　　支払手形

　　買掛金

は，1年以内に返済期限がくる，こないにかかわらず，すべて流動負債になります。

2年サイトの手形を切ろうが，3年サイトの手形を切ろうが，すべて流動負債です。

その他のものは，**返済期限が1年以内のものは流動負債，返済期限が1年を超えるものは固定負債**に表示されます。

たとえば，

　　6カ月後に返済期限がくる借入金は，短期借入金として流動負債

　　2年後に返済期限がくる借入金は，長期借入金として固定負債

ということになります。

◆営業活動の結果以外の支払手形

渋谷商事の負債の部を上から見ていきましょう。

支払手形，買掛金，未払金と続きます。

支払手形，買掛金については，とくに説明するまでもないと思います。

　　掛で材料を仕入れたら，買掛金

　　掛代金を手形で支払えば，支払手形

[前期]

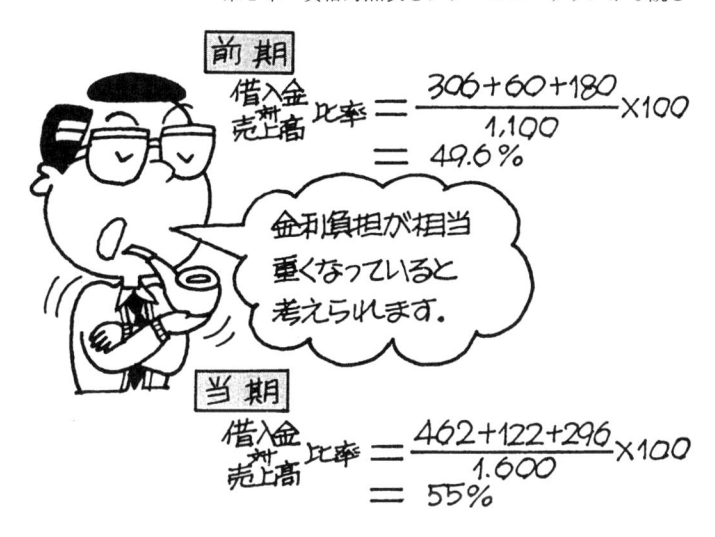

$$\frac{借入金}{売上高}比率 = \frac{306+60+180}{1,100} \times 100$$
$$= 49.6\%$$

金利負担が相当重くなっていると考えられます。

[当期]

$$\frac{借入金}{売上高}比率 = \frac{462+122+296}{1,600} \times 100$$
$$= 55\%$$

このように表示されます。

買掛金は売掛金の裏返しですし、支払手形は受取手形の裏返しです。

ただひとつだけ違うのは、支払手形のなかには、工事代とか設備費などの支払いにあてたものも含まれている、という点です。

営業活動の結果、入手する手形だけを表す受取手形とは、この点が異なります。

◆買掛金と未払金の違い

商品などを掛で仕入れた場合は**買掛金**。

車両や備品などを購入し、決算期末の時点ではまだ支払いが済んでいない、という場合は**未払金**となります。

支払手形、買掛金、未払金については、このほか、とくにあらためて注意して頂く重要なポイントはない、と思います。

◆借入金の比率を分析する

渋谷商事には，長短あわせて当期5億8,400万円の借入金があります。
前期は，3億6,600万円です。
2億1,800万円も増えています。
なにか大きな設備投資をしたのでしょうか。
それとも，資金繰りが苦しくなっているのでしょうか。
借入金がはたして多すぎるのかどうか，つぎの計算をしてみましょう。

$$借入金対売上高比率 = \frac{短期借入金＋長期借入金＋割引手形}{売上高}$$

売上高と借入金とを比較して，双方のバランスをみてみようというわけです。
借入金は，もちろん，長短あわせたものです。
また割引手形も，借入金に含めて計算しましょう。
渋谷商事の場合，はたしてどういう結果が出るでしょうか。
前頁のイラストをごらんください。
前期は，年間売上高の半分近くを借入金。
当期は，年間売上高の55％，と50％を超えてしまっています。
当期は，前期と比べて，かなり売上は増えています。
にもかかわらず，売上高に占める借入金の割合が増えているわけで，借入金の負担，その結果の金利負担が相当重くなっているのではないでしょうか。

◆未払法人税等とは

渋谷商事は，当期2,000万円の未払法人税等を計上しています。
未払法人税等とはなんでしょうか。
渋谷商事の決算は，3月31日です。
定時株主総会は，6月に開かれます。
この定時総会で承認されて，決算書は最終的に確定します。

そして，このように確定した決算書をもとに，税金の額が計算されます。

つまり，総会が終わらなければ，会社が納めなければならない税額も，確定しないのです。

下の図をごらんください。

N年3月期の総会は，6月に開かれます。

したがって，N年3月期の税金は，6月の総会が終わったのちに，6月中に納付されます。

ということは，N年3月期すなわち前期の税金は，N＋1年3月期，すなわち当期になって支払われることになります。

いいかえれば，前期の利益に対して課された税金が，当期の費用になってしまうというわけです。

前期の利益が多ければ多いほど，当期に納める税金が多くなる。

つまり，当期の費用はそれだけ増えてしまう。

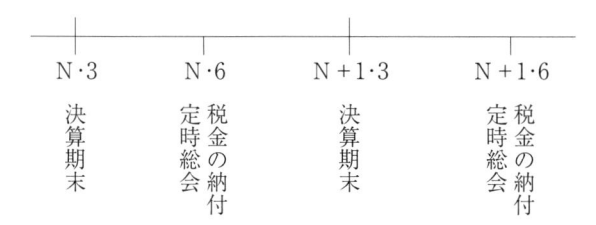

```
    |          |              |          |
  N・3       N・6          N＋1・3      N＋1・6
  決        税 定          決          税 定
  算        金 時          算          金 時
  期        の 総          期          の 総
  末        納 会          末          納 会
            付                         付
```

その結果，当期の利益は減る。

これは，少し不合理です。

なんらかの手を打たなければなりません。

前期分の税金は，前期の損益計算書であらかじめ費用として落としておき，当期の費用にはしない，という方法を考えなくてはなりません。

そこで，前期すなわちN年3月期の損益計算書をつくるとき，まだ支払は行われていないけれども，N年3月期の利益が負担すべき税金をあらかじめ利益からマイナスしておいたらどうだろうか。

つまり，未払金を計上したらどうだろうか。

それが，未払法人税等です。

渋谷商事の損益計算書をごらんください。

下から4番目に、法人税・住民税及び事業税とあります。

損益計算書で、当期が負担すべき税金を、このようにして、あらかじめ差し引いておくのです。

このようにして、あらかじめ差し引いたということを、貸借対照表の負債の部に示したものが、他ならぬ未払法人税等なのです。

◆未払法人税等の対象となる税金の種類

ところで、未払法人税等の対象となる税金の種類なのですが、
　　　　法人税（地方法人税を含む。以下同じ）
　　　　住民税
　　　　　道府県民税
　　　　　市町村民税
　　　　事業税（地方法人特別税を含む。以下同じ）
が、その対象となります。

いずれも、会社の利益を対象として課税されるものばかりです。

未払法人税等の対象となるのはこの3種類と申しましたが、事業税については、若干注意をしておかなければなりません。

事業税は、法人税・住民税とはかなり異なる取り扱いになっています。

会社経営にとっては、実質的には、税金は、すべて、費用である、といえます。

しかし、税務上、法人税・住民税は、損にはなりません。

でも、事業税は、**支払った時の損に落ちる**のです。

事業税について、税法が、支払いの時の損として取り扱っているため、会社の決算上も、支払った時の費用として計上しているケースが見受けられます。

しかしながら、利益にスライドして課税されているのですから、会社の決算としては、翌期に支払うことになる部分については、利益に対応させて未払法

> 第4章で、新しい会計制度である税効果会計について触れますので、参照して下さい。

人税等として計上すべきです。

◆**損益計算書と貸借対照表の数字が違う！**

　未払法人税等について，もうひとつ覚えておきましょう。
　未払法人税等は，当期の決算書を作成するとき，当期分の税金として，翌期に支払わなければならない税金をあらかじめ，損益計算書に費用として計上しておこう，未払を計上しておこう，というものでした。
　したがって，貸借対照表に計上されている未払法人税等は，つぎの期に入って早々，支払わなければならない未払の債務が計上されていることになります。
　ところで，つぎの会社の数字をごらんください。

P／L		B／S	
︙		︙	
税引前当期純利益	200	未払法人税等	55
法人税・住民税		︙	
及び事業税	100		
当期純利益	100		

　損益計算書の法人税・住民税及び事業税の金額と，貸借対照表の未払法人税等の金額双方を見比べてみてください。
　法人税・住民税及び事業税は100。

未払法人税等は55。

２つの数字に，45の相違が生じています。

なぜでしょうか。

未払法人税等についてのいままでの説明を読む限り，？と思われると思います。

また，事実，この相違はどうして生じるのか，どうもよくわからない，とおっしゃる方が，かなり多いのです。

そこで，ここのところの疑問をいま，一気に解明しておきましょう。

◆１年決算と半年決算

法人税や，住民税などが，会社の利益に対して課税されるものであることは，もはや重々ご承知のことと思います。

ところで，課税の対象となる利益ということですが，会社には１年決算の会社と半年決算の会社があります。

半年決算の会社は，半年間の決算をし，半年間の利益を計算し，税金を納めることになります。

つまり，決算は年２回，税金を納めるのは年２回，というわけです。

ひるがえって，１年決算の会社の場合です。

１年決算の会社の場合，文字通り，決算は年１回です。

それに伴って，税金の納付も年１回，ということになります。

ということは，どうですか。

年１回決算会社と，半年決算会社とでは，１年間通して計算した利益は同金額，したがって，税額にも差がないとしても，納付回数に相違が生じます。

半年決算会社は，税金の納付のために，少なくとも年２回は，資金繰りの苦労を強いられなくてはならないのです。

◆年1回決算会社の納税方法

　そこで，税務署は，年1回決算会社に，つぎのことを要求します。

　年の途中で，いったん税金を納付しておいてください，と。

　といっても，1年決算会社ですから，本決算をやるわけにはいきません。

　決算をしない以上，利益の金額をはじくことはできませんから，納めるべき税額もわかりません。

　どうやって，年の途中で税金を納めるのでしょうか。

　税務署は，2つの方法を認めています。

◆前期納税額の半分を納める予定申告

　ひとつは，**前期に納めた税金の半分をあらかじめ納付してください**，という方法です。

　当期に納めなければならない税金は，当期末に本決算を行ってみなければわかりません。

　また，当期の中間で納めなければならない税金も，中期決算をしない以上，わかりません。

　そこで，前期に納めた税金の半分を，とりあえず納めておいてください，というのです。

　たとえば，前期に納めた年間税金は90であったとします。

　そこで，当期の中間では，45を納めます。

　当期に決算をやって，当期の年間税額が，かりに前期とピタリ同じ，90であったとしましょう。

　ということは，当期末に算出された利益に対して，本来納めなければならない税金は90。

　ところが，中間で，すでに45納めているから，決算後に納付すべき税額は45。

　あたかも，半年決算会社と同じ土俵に上る，というわけです。

これを，**予定申告**といいます。

◤仮決算による中間申告

もうひとつ，**決算の中間時点で，半年間の仮決算を行い，利益を計算し，税金を納める**，という方法があります。

そもそも年1回決算なのですから，本来中間時点で仮決算を行う必要はないわけですが，当期はどうも前期と比べて，業績は大きくダウンしそう。

したがって，当期の決算で納める税金は，前期に納めた税金より，かなり少なくてすみそう。

ということが予想されれば，前期分の2分の1の税金を予定申告で納めるよりも，仮決算をして，業績悪化を反映した税額を計算したほうが有利，ということもあります。

万が一，中間で仮決算を組んでも，赤字となってしまったら，中間で税金を納める必要はないわけですから。

◤法人税・住民税及び事業税と未払法人税等の違いの正体

前期分の2分の1の税金を納めるか，それとも，仮決算による中間申告を選択するかは，**会社の任意**です。

これらのことを踏まえたうえで，もう一度，法人税・住民税及び事業税の金額と未払法人税等の金額の不一致の原因を探ってみましょう。

さきほどの例をごらんください。

法人税・住民税及び事業税とあるのは，年間の税額です。

実際に納付したかどうかは関係なく，です。

つまり，この会社は，税引前で年間200の利益を計上した。

この利益に対して，納めなければならない税金は100，というわけです。

そして，貸借対照表をごらんください。

未払法人税等55となっています。
つまり，本決算が終わって年間税額を計算してみたら100であった。そのうちまだ納付していない未払分が55ある，ということを意味しています。差額の45は，すでに，納付済みなのです。すなわち，中間の時点で……。

19 資本金は会社の大きさを表すか

（資本金の大小は，会社の信用力のみならず税負担に影響を与えます。）

新しい「会社法」の施行により，純資産の部は，次のようになりました。

Ⅰ 株主資本
　1 資本金
　2 資本剰余金
　　　資本準備金
　　　その他資本剰余金
　3 利益剰余金
　　　利益準備金
　　　別途積立金
　　　繰越利益剰余金
　4 自己株式
Ⅱ 評価・換算差額等
Ⅲ 新株予約権

◆資本金は会社の規模に比例

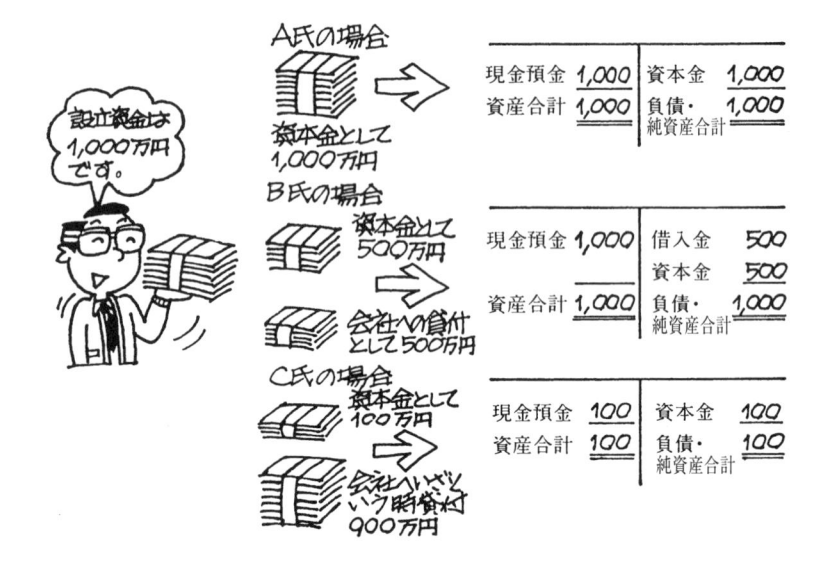

```
A氏の場合
現金預金 1,000      資本金 1,000
資産合計 1,000      負債・   1,000
                    純資産合計

B氏の場合
現金預金 1,000      借入金   500
                    資本金   500
資産合計 1,000      負債・   1,000
                    純資産合計

C氏の場合
現金預金 100        資本金   100
資産合計 100        負債・   100
                    純資産合計
```

(吹き出し：設立資金は1,000万円です。)

会社の規模，スケールを判断するモノサシは，いろいろあります。

さきほど述べた総資産の金額もそのひとつですし，そのほか，

　　　売上高

　　　従業員数

　　　資本金

などがあげられます。

これらが大きければ大きいほど，大会社といわれます。

とりわけ，わが国では，資本金の大小をもって会社のスケールを判断する風習が強いように思われます。

資本金の大きい会社は，

　　　総資産も

　　　売上高も

　　　従業員も

比例して大きい，多い，ということはたしかです。

たとえば，誰しもが大会社であることを疑わない会社の資本金を見てみましょう。

X社　　9,379億円
　　　Y社　　6,764億円
　　　Z社　　4,195億円

　べらぼうに多額な資本金です。
　このような事実を目のあたりにすると，資本金の大小をもって会社の規模をはかるということは，たしかにきわめて有力なモノサシであることは，異論をはさむ余地がありません。

◆信用力をつける資本金

　手許に1,000万円の現金があり，この現金を元手に，新しく株式会社を設立しようと思いたったとします。
　A氏は，1,000万円のすべてを出資し，資本金1,000万円の会社をつくりました。
　B氏は，500万円だけを資本金とし，残りの500万円は会社に貸付けるかたちをとりました。
　C氏は，せっかく1,000万円の会社をつくることができるにもかかわらず，資本金100万円の会社をとりあえず設立し，残りの900万円は，会社がいざ資金繰りが切迫したとき，そのつど会社にお金を貸していこうと考えました。
　A氏，B氏，C氏の設立時の貸借対照表は，上表のとおりとなります。
　誰の目にも，A氏の会社がいちばん大きく，C氏の会社はいかにも零細企業だと映ることでしょう。
　けれども，よく考えてみれば，A氏，B氏，C氏のそれぞれの会社の実態にそう大差があるわけではありません。
　A氏，B氏，C氏は，皆オーナーです。
　1,000万円という現金をもっていることに，変わりはありません。
　会社がイザとなれば，C氏も残りの900万円を，会社に動員するはずです。

といっても，世間は，そんなことを知りません。

C氏がいくら主張したところで，C氏の会社は零細，A氏の会社の資本金は1,000万円と判断することでしょう。

◆資本金より借入金の発想

ところが，です。

わが国の中小企業の経営者のなかには，B氏，C氏のような考え方をもっている人が，少なからずいるのです。

つまり，資本金を大きくしたところでしょうがない。

資本金を大きくすればたしかに信用は増すだろうけれども，もっと実質一本でいこうではないか。

こう考える経営者も，けっこういるのです。

理由は，いろいろあります。

ひとつは，法人税法の存在です。

A氏の会社と，B氏の会社を比較してみましょう。

両者とも，1年間に1,000万円の利益をあげたとします。

かりに税金が利益の50％だとしますと，納めなければならない金額は500万円にものぼります。

ところが，B氏の会社は，B氏に借金を負っています。

B氏には，会社から金利を受取る権利があります。

そして年2％の金利をもらうこととすれば，

$$500万円 \times 2\% = 10万円$$

を，会社はB氏に支払わねばなりません。

けれども，この金利は会社にとってみれば費用ですから，金利を支払ったのちの会社の利益は990万円，したがって税金は，

$$990万円 \times 50\% = 495万円$$

さきほどの500万円と比べて，5万円の差がつきます。

A氏の会社の場合，10万円に見合う金額を受取ろうとすれば，配当という方法しかありません。

　そして，会社が株主にいくら配当を支払おうと，配当は経費にはなりませんから，1,000万円の利益はまるまる税金の対象となってしまいます。

会社が負担する金利は，会社の経費に落ちる。

会社が支払う配当は，会社の経費にはならない。

　こういう法人税法の取扱いがあるがゆえに，信用というものをあえて犠牲にしても，資本金は低めに押さえておこう，という会社が結構あるのです。

　とくに，零細企業の場合には。

20　準備金

（資本準備金の大部分は株主が会社へ払込んだもの。）

　準備金には，資本準備金と，利益準備金があります。

　このうち，利益準備金については，第3章「株主資本等変動計算書を理解する」の項で説明します。

　ここでは，資本準備金について，説明しましょう。

　資本準備金は，資本剰余金の区分の中にあります。

　そして，資本準備金には，株式払込剰余金や合併差益などがありますが，このうち，株式払込剰余金について説明します。

これを簡単に表現しますと，

**　　　　株式の発行価額－資本金に組み入れた金額**

ということになります。

　会社法は，原則として，株式の発行価額の全額を資本金に組み入れることにしています。

つまり，株主が，払い込んだ金額全部を資本金とすることが，原則です。

ただし，特例として，株式の発行価額のうち，1/2，つまり，半分以下は，資本金に組み入れないことも，認めているのです。

たとえば，株式を12万円で発行した，とします。

資本金に組み入れなければならない部分は，少なくとも6万円です。

残りの6万円は，資本剰余金として，資本準備金になるのです。

つまり，資本金への組入額は，

　　　　　6万円から12万円の範囲で，

会社が，自由に決めることができます。

この取扱いは，特例です。

しかし，実務上は，ほとんど，特例に従っています。

21　利益剰余金とは，欠損金とは

（利益剰余金は業況悪化時に企業の抵抗力を測るバロメーターです。）

利益剰余金とは，過去に蓄積された利益（過去に計上できた利益から，すでに支払われた配当金などをマイナスしたもの）プラス当期計上した利益と覚えておいてください。

したがって純資産の部は，

　　　　株主が拠出した資本金とか資本剰余金

　　　　営業活動を通じて蓄積された利益剰余金

の2つから構成されている，ということになるわけです。

◆**純資産を調べてみる**

よく，純資産といいます。
渋谷商事の当期純資産は，1億9,600万円ある，ということになります。
1株当りの純資産を計算してみましょう。
渋谷商事の当期末資本金は，1億円です。
渋谷商事の発行している株式数は，20万株，とします。
したがって，渋谷商事の純資産は，

$$\frac{1億9,600万円}{20万株} = 980円$$

会社設立のときの1株あたりの払込金額500円に対して，純資産は980円，およそ倍になっている，というわけです。
ただ，純資産ということについて，ひとつだけ注意しておきたいことがあります。
ただいまの計算は，あくまで貸借対照表上の計算である，という点です。
含み益とか含み損を反映した，いわゆる時価ベースによるものではない，ということに注意してください。
土地などに含みがあって，含みを反映させ，土地などをもし売却できるとした場合の純資産，といえばもっと高くなる，ということを，お忘れなく。

◆**債務超過と累積欠損**

いままでの説明は，すべて，会社が利益を計上していることが前提でした。
ここで，赤字会社のことについて触れておきましょう。
債務超過とか，累積赤字という表現が，よく用いられます。
債務超過とか，累積赤字ということの意味を，ここでマスターしてください。

◆剰余金のマイナス

　利益剰余金は，過去に蓄積された利益プラス当期の利益ということを説明しました。

　ということは，逆に，過去に蓄積された利益はない，当期の利益もゼロ，としたらどうなるでしょうか。

　利益剰余金のところは，ゼロとなります。

　たとえば，

　　　　負債　200万円

　　　　資本金　100万円

そして準備金はない，という会社を考えてみた場合，貸借対照表の右側は，

```
              B／S
              │ 負 債 合 計     200
              │ 純 資 産 合 計   100
              │   資 本 金     (100)
              │   利益剰余金    (  0)
              │ 負債・純資産合計  300
```

となります。

　これがもし，過去の蓄積ゼロ，当期は50万円の赤字，という場合はどうなるでしょうか。

```
              B／S
              │ 負 債 合 計     200
              │ 純 資 産 合 計    50
              │   資 本 金     (100)
              │   利益剰余金   (△50)
              │ 負債・純資産合計  250
```

累積赤字がある，というのは，利益剰余金のところがマイナスとなっている場合です。

また，別の表現でいいかえれば，**資本の欠損が生じている**，ということになります。

なぜなら，累積赤字が資本金に喰い込んでしまっているからです。

◆マイナスが資本金を上回った

さて，最後に，過去の蓄積ゼロ，当期は150万円という大幅な赤字，というケースを想定してみましょう。

```
                B／S
              負 債 合 計      200
              純 資 産 合 計  △ 50
                資 本 金     (100)
                利益剰余金   (△150)
              負債・純資産合計  150
```

この状態が，いわゆる**債務超過**なのです。

つまり，

負債の方が全資産よりも多くなってしまった。

すなわち純資産の部の合計金額がマイナスになっている。

という状態が，債務超過なのです。

負債・純資産合計は，イコール資産合計です。

ということは，

　　　資産合計　150万円

　　　負債合計　200万円

というように，貸借対照表上，資産よりも負債の方が多い，ということを意味します。

資本の欠損となれば，株主にとっては，ゆゆしき問題です。

そしてさらに，債務超過ともなると，株主，債権者を含めたところの会社全体の，まさにゆゆしき事態を迎えた，ということになるのです。

22 債務を保証しているかどうか

債務保証は隠れた借入金で，将来，債務肩代わりが発生する恐れがあります。

いまはすでに消滅している例の安宅産業の伊藤忠商事に吸収される直前の決算書，つまり安宅産業の最後の決算書には，

資本金　117億円

総資産　6,465億円

が計上されていました。

そして，

保証債務　3,093億円

貸借対照表に，こんな注記がありました。

安宅産業の悲劇は，子会社である安宅アメリカの危機が直接のキッカケになった，ということは，すでによく知られています。

そして，保証債務の額が，資本金のおよそ26倍，総資産の約半分，というこの数字を目のあたりにすると，なにか背スジが寒くなるような気がします。

保証債務ほど，こわいものはありません。

◆注記だけがたよりの隠れた借入金

買掛金とか支払手形，あるいは銀行借入金などは，貸借対照表に計上されます。

ところが、保証債務は、貸借対照表のどこにも計上されません。

債務を保証するということは、債務のある相手方が債務を支払えなくなった場合に、債務を代わって立替えて支払うということです。

債務を立替えなければならないのですから、立替えた金額を回収できる見込みは、ほとんどないということです。

したがって、はたして債務を保証しているのかどうか、ということは、貸借対照表のうえから読みとることはできないのです。

辛うじて、注記というトリデが残されているだけです。

会社法は、保証債務の個別注記表への注記を義務づけております。

したがって、個別注記表の注記をみれば、保証債務の有無を確認できるわけですが、まことに残念ながら、このような確認ができるのは、公開会社（株式譲渡制限会社以外の会社）に限られます。

なぜなら、株式譲渡制限会社は、このような注記を省略することができるのですから。

保証債務は、いつ自己の債務として肩代わりせざるを得なくなるのか、わかりません。

貸借対照表の裏にひそむ、いわば隠れた借入金なのです。

◆個別注記表は読み方の宝庫

個別注記表の注記は、決算書を読むための重要な情報源です。

決算書の科目とか数字で、ひと口に説明し得ないものや、決算書の枠内に入れるまでもないものなどを、個別注記表に書き添えるという方法を、注記というのです。

会社計算規則によると、次の事項が、注記表に注記されることになっています。

① 継続企業の前提に関する注記
② 重要な会計方針にかかる事項（連結注記表にあっては、連結計算書類の

作成のための基本となる重要な事項）に関する注記
③　貸借対照表等に関する注記
④　損益計算書に関する注記
⑤　株主資本等変動計算書（連結注記表にあっては，連結株主資本等変動計算書）に関する注記
⑥　税効果会計に関する注記
⑦　リースにより使用する固定資産に関する注記
⑧　関連当事者との取引に関する注記
⑨　1株当たり情報に関する注記
⑩　重要な後発事象に関する注記
⑪　連結配当規制適用会社に関する注記
⑫　その他の注記

次に掲げる会社においては，次に掲げる項目について，注記表の注記を表示することを要しないことになっています。
　①　会計監査人設置会社以外の株式会社（非公開会社のみ）
　　・前記の①，③，④，⑥から⑪までの項目
　②　会計監査人設置会社以外の公開会社
　　・前記の①，⑪の項目
※　非公開会社とは，その会社の発行しているすべての株式について譲渡制限規定を設けている会社，をいいます。

重要な会計方針の注記としては，
　　　　資産の評価基準・評価方法
　　　　固定資産の減価償却の方法
　　　　収益・費用の計上基準引当金の計上基準

貸借対照表に関する注記のおもなものは，
　　　　関係会社に対する債権・債務
　　　　減価償却累計額
　　　　外貨建の資産・負債で会社にとって重要なもの

担保提供資産

　　保証債務

　　割引手形・裏書譲渡手形

　　役員に対する債権・債務

損益計算書に関する注記としては，

　　関係会社との営業取引高

１株当たり情報に関する注記としては，

　　１株当たり純資産額

　　１株当たり当期純利益・当期純損失

などです。

　以上がおもな注記事項ですが，これらは，決算書から会社の財政状態，経営成績を適切に判断するために記載を要求されているのです。

　ところが，この注記事項の記載を一部省略している会社がかなりあります。

　というのは，会社計算規制に，「非公開会社は，上記の②，⑤以外について，注記を省略してよろしい，と定めているからなのです。

クイズ／貸借対照表について復習しましょう

貸借対照表を読んできました。

さまざまな角度から貸借対照表の読み方を伝授してきたわけですが、ここでひと区切りをつけて、いままでの復習をしておきましょう。

クイズ形式で復習します。

読者の皆さんに、このクイズをご自分で解きながら、いままでの説明を振り返って頂こうという趣向です。

このクイズでぜひ満点をおとり頂いて、第2章へ進んでまいりましょう。

【問1】 まず、○×形式です。

つぎの表現のなかで、正しいものには○を、間違っていると思うものには×をつけてください。

( ) ① たな卸の目的は、商品を管理することです。
( ) ② 流動資産か固定資産かを分類するひとつの基準は、1年以内に回収されるものかどうかです。
( ) ③ その会社に割った手形があるかどうかは、貸借対照表をみただけではわかりません。
( ) ④ 法人税法上、手持の手形が不渡になれば、損におとしてもよいことになっています。
( ) ⑤ 貸倒引当金は、引当金ですから負債に計上されます。
( ) ⑥ 子会社株式は有価証券ですから、有価証券として流動資産に計上します。
( ) ⑦ 家賃などの前払いは、前払費用として必ず資産に計上しなければなりません。
( ) ⑧ 貸借対照表に計上されている機械とか車両は、減価償却をした後の金額と思って間違いありません。
( ) ⑨ 土地の取得価額には、土地そのものの代金だけではなく、整地費な

どの間接費用も加えなくてはなりません。
( ) ⑩ 建設仮勘定のなかに，金利がまじっているケースがときどきあります。
( ) ⑪ 土地は，かならず有形固定資産に計上されます。
( ) ⑫ 社債等発行費は，かならず繰延資産としなければなりません。
( ) ⑬ 株式の50％を所有していれば，その会社は子会社です。
( ) ⑭ 法人税や住民税と同様，事業税の未払額も，未払法人税等に計上すべきです。

【問2】 第2問は，穴ウメです。

1　ひとくちに決算書といいますが，決算書とは，つぎの4つをいいます。

   □
   □
   □
   □

2　資産の部は，大きく，

   □
   □
   □

 の3つに分類されます。

3　売掛金の回収日数は，

$$売掛金の回収日数 = \frac{期末の売掛金残高}{\frac{\square\square\square\square\square}{365}}$$

このようにして求めます。

4　商品とか製品の在庫日数は，

$$在庫日数 = \frac{商品・製品の期末在庫金額}{\frac{\square\square\square\square\square\square}{365}}$$

5 有価証券の評価方法は，

原価法

□□□

の2つがあります。

6 固定資産は，

□□□□□□□

□□□□□□□

□□□□□□□

の3つに分類されます。

7 減価償却の方法にはいろいろありますが，そのうち，もっともポピュラーなものは，

□□□□□□

□□□□□□

の2つです。

8 無形固定資産も減価償却の対象となりますが，例外が2つだけあります。

□□□□□□

□□□□□□

この2つは，減価償却の対象とはなりません。

9 自己資本比率は，つぎの算式で求めます。

$$自己資本比率 = \frac{\square\square\square\square}{他人資本 + \square\square\square\square} \times 100$$

10 負債の部はつぎのように分類されます。

□□□□

□□□□

11 株主資本は，

　　　□□□

　　　□□□□□

　　　□□□□□

と分類されます。

12 純資産の部の金額がマイナスになったら　□□□□□　に陥ったといいます。

全部おできになりましたか。

正解は☞221頁にあります。

ご自分の解答とかならず照らし合わせてみてください。

間違ったところは，もう一度元へ戻って，読み直しをしてみましょう。

満点をとられた方，読み直しの確認が終わられた方は，つぎの損益計算書に進んでください。

第2章

損益計算書

23 損益計算書のしくみ

損益計算書の基本構造には，ストーリーが組み込まれています。

渋谷商事の損益計算書を開いてみてください。

これから，貸借対照表と並ぶ決算書のもうひとつの柱，**損益計算書**をどう読むか，ということについて，ひとつずつ読者の皆さんに伝授していきたいと思います。

損益計算書の末尾を，見てみましょう。
当期純利益が2,400万円とあります。
つまり，損益計算書の大詰めは，**当期純利益**ということになります。
損益計算書は，当期の損益の状況をレポートするのが，本来の役割です。
当期の損益の状況報告は，当期純利益にて打ち止め，ということになります。

☆

損益というものを，もっとも単純な算式で示せば，

   収益－費用

ということになります。

 モノを80円で仕入れ，100円で売れば，利益は20円です。

  （収益）（費用）（利益）

  100円－80円＝ 20円

 これは，小学生の低学年でも，わかるリクツです。

◆**基本構造はまさに「収益－費用＝利益」**

損益計算書と，いかにもむずかしそうなタイトルを掲げているので，なにや

らつき合いにくそうな印象を受けますが，会社の損益計算書といえども，土台は，この収益－費用，です。

収益－費用，差し引き利益，という算式であることに，なんら変わりはありません。

たとえば，渋谷商事の損益計算書から，当期の収益であるものを拾ってみますと上から，

  売上高   1,600（百万円）
  営業外収益   44
  特別利益   38

合計1,682百万円となります。

つぎに当期の費用であるものは，

  売上原価   980
  販売費及び一般管理費   558
  営業外費用   98
  特別損失   2
  法人税・住民税及び事業税   20

合計1,658百万円となります。

したがって，

  （収益）（費用）（利益）
   1,682－1,658＝ 24

となり，この24百万円は，損益計算書の当期純利益24百万円とズバリ一致します。

損益計算書の底に流れる基本構造は，まさしく，

  収益－費用＝利益

であるということが，この点からも確認できたわけです。

☆

渋谷商事の損益計算書をごらん頂いておわかりのように，損益計算書は，タ

テ型です。

　上から下へと数字は流れていきます。つまり,

　　　　収益
　　　　(－)
　　　　費用
　　　　　＝
　　　　利益

です。

　もう少し具体的にいえば,以下の図のスタイルをとります。
　このスタイルと,実際の損益計算書とを比べてみてください。
　実際の損益計算書というのは,収益のそれぞれ,費用のそれぞれの順列,組み合わせをたんに並べかえたにすぎない,ということにお気づきになりませんか。

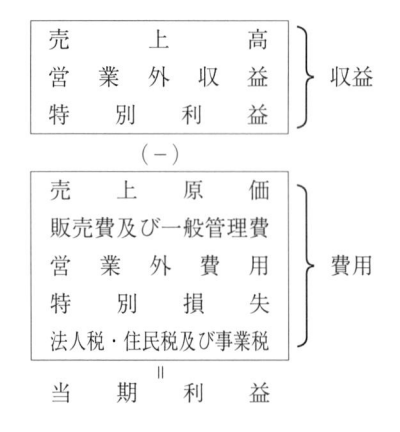

```
┌─────────────────┐
│  売    上    高  │
│  営  業  外  収  益  │ ｝収益
│  特    別    利  益  │
└─────────────────┘
         (－)
┌─────────────────┐
│  売    上    原    価    │
│  販売費及び一般管理費  │
│  営  業  外  費  用  │ ｝費用
│  特    別    損    失    │
│  法人税・住民税及び事業税  │
└─────────────────┘
         ＝
    当    期    利    益
```

　　売上高

　　売上原価

　　販売費及び一般管理費

　　営業外収益

　　営業外費用

　　特別利益

特別損失
　　　法人税・住民税及び事業税
こう，並べかえています。
　いかに並べかえようと，最終の利益は2,400万円であることは，もちろんです。

◆本質的な狙い

　さて，この並べかえに，ご注目ください。
　このように並べかえることそのものに，損益計算書の本質的な狙いが秘められているのです。
　このように並べかえることによって，「収益−費用」という無味乾燥な基本構造に，いわば一種のストーリーをもたらすのです。
　そして，随所随所に，各段階の利益をそう入します。

　　　売　上　高
　　　売 上 原 価
　　　　　　売上総利益
　　　販売費及び一般管理費
　　　　　　営業利益
　　　営業外収益
　　　営業外費用
　　　　　　経常利益
　　　特 別 利 益
　　　特 別 損 失
　　　　　　税引前当期純利益
　　　法人税・住民税及び事業税
　　　　　　当期純利益

☆

　さきほど，実際の損益計算書は，収益と費用を並べかえ，組み合わせることによって，一種のストーリーをもたせたものである，という表現をいたしました。

　損益計算書のしくみの基本を学ぶことは，このへんでひとまず打ち止めにして，実践的に損益計算書をどう読んでいくか，という説明に早く移ることにしましょう。

　実践的に損益計算書を読んでいきながら，損益計算書はどういうストーリーを物語ろうとしているのか，ということを浮きぼりにしていったほうが早道だと思いますから。

24　いわゆる売上とは

（売上計上時点を変更するのに，どのような意図が隠されていると思いますか。）

　損益計算書のトップに登場するのは，**売上高**です。

　商品とか製品とかの販売高はもちろんのこと，

　　　運送会社の運送収入
　　　不動産会社の賃貸収入

なども，損益計算書のトップに登場します。

　損益計算書という報告書の皮切りは，このように，まず売上高なのですが，売上高というものについて，注意していただきたいポイントがひとつあります。

　売上というのは，どんな時点で計上されるのか，という点です。

　現金引き換えの商売ならいざしらず，掛け売りが圧倒的多数を占めるわが国

の会社では，売上をいつ計上するのか，ということが，ひとつのキーポイントとなります。

たとえば，商品の販売を例にとりましょう。

販売活動のサイクルを考えてみますと，上の図のとおりです。

この後，入金ということにあいなるわけですが，入金前にも，売上を計上できるチェックポイントは，このように多岐にわたります。

はたして，どの時点をとらえて売上を計上すべきでしょうか。

はたまた，わが国の会社は，実際，どの時点で売上を計上しているのでしょうか。

◆**いつの時点で計上するのか**

実は，どの時点で計上しなければならないという確固たる基準はありません。

これらの諸段階のうち，いずれを選択するかは，会社の任意です。

会社には，会社の実情があります。

注文書が送られてくれば，売上が成立することは間違いないという会社もあ

るでしょうし，商品の検収が終わるまで，売上を計上するのは手びかえたほうがよい，という会社もあるでしょう。

どの時点を採用するにせよ，売上を計上しても，余程のことがない限り返品とか売上取消し，といったような事態は起きない，という確固たる時点をとらえて売上高を計上すればよいのです。

ただ，わが国の場合，上から3番目，すなわち，

倉庫から商品を出庫する

この時点をもって売上を計上する，という会社が多いように思います。

問題は，このような売上の計上時点を変更するケースです。

つぎの事例をごらんください。

K社の損益計算書につぎのような注記があります。

「従来，分譲用土地の売上計上基準として建物付売上の場合は「引渡基準」土地のみ売上の場合は「契約基準」を採用していました。しかし，建物付売上が大部分であり売上計上基準の統一をはかるため，当期より土地のみ売上の場合も「引渡基準」によることにしました。この変更により，分譲用土地建物売上高が6,810百万円減少し，税引前利益が1,678百万円減少することになりました」

K社は，従来，建物付土地の売上と，土地だけの売上との計上基準を分けていました。建物付土地の場合は引渡の時点，土地だけの場合は契約時点，という具合です。

もちろん，契約があってその後引渡しという手順を踏みますから，土地だけの場合，売上の計上は，常に先行していたわけです。

それを，今期から一本化したのです。

土地だけの分譲の場合の売上計上を，うしろにずらし，引渡時点としたのです。

そのため，従来のように売上を計上した場合と比べて，売上，利益とも減少してしまいました。

K社は，辛い決算に移行したのです。

今までの会計処理方法をキープしていれば，売上，利益ともさらに増えていたはずです。

このような変更ならば，問題はありません。

問題は，この逆です。

今までは，安全には安全にということで，

　　　検収時点で売上計上

していたものを，

　　　注文書が届いた時点で売上計上

このような変更をした場合です。

なぜ，そのような変更をしたのか，とくに経営者に，確認してみたくなりませんか。

　　　　　　　　　☆

売上高がどうであったかは，会社の経営者をはじめ，いろいろな人びとが気にするもっとも重要な指標のひとつです。

売上高が達成されてこその利益です。

売上の計上時点には，十分注意を払わねばなりません。

25　売上原価を計算する

売上総利益を出すには，売上原価のことを知っておく必要があります。

世間では，**粗利益**（あら）という言葉をしばしば用います。

粗利益とは，いったいなんでしょう。

損益計算書のうえの，どの利益を指して，粗利益というのでしょうか。

何度も確認してきたように，損益計算書には，いくつかの利益という言葉が

登場します。
　　　　売上総利益
　　　　営業利益
　　　　経常利益
　　　　　　︙
というように。
　そして，ズバリ，世間巷間でいう粗利益というのは，**売上総利益**のことを指すのです。
　売上総利益の，いわばアダ名が，粗利益というわけです。
　売上総利益，すなわち粗利益は，
　　　　売上高－売上原価＝売上総利益
この算式で求められます。
　　　　80円の商品を100円で売った。
　　　　粗利益は，20円。
こういういい方をするのです。

　　　　　　　　　　☆

　売上総利益は，損益計算書上まっ先に登場する利益です。
　（売上高－売上原価）の答が，売上総利益です。
　（売上高－仕入高）の答が売上総利益であれば，話はカンタン，説明はつぎのステップに移ることができるでしょう。
　けれども，そうはスイスイと，ことは運びません。

◆**仕入高と売上原価**

　　　　売上原価とはなにか
　　　　仕入高とはどう違うのか
こういったことを，まず，明確にしておく必要があります。
　売上原価というものについて，少し具体的に説明しておきましょう。

第2章　損益計算書　167

話は再び，基礎勉強に戻ります。

☆

基礎勉強などという堅苦しい言葉が飛び出してきましたから，息抜きの意味で，まずは読者の皆さんにクイズをひとつ。

ある酒屋さんを例にとります。

この酒屋さんは，1年決算で，12月31日がちょうど決算日にあたります。

昨年の大みそかには，120本のビールがありました。

これは，実地にたな卸をした数字ですから，間違いありません。

そして，今年，1,000本のビールを仕入れました。

これも，仕入伝票などから確認した本数ですから，間違いありません。

さて，今年の大みそかです。

御主人，奥さん，従業員総出で，ビールははたして何本残っているかを調べてみました。

今年の大みそかのビールの在庫は，200本でした。

この酒屋さんは，今年の1年間，何本のビールを販売したのでしょうか。

これがクイズです。

答を申しましょう。

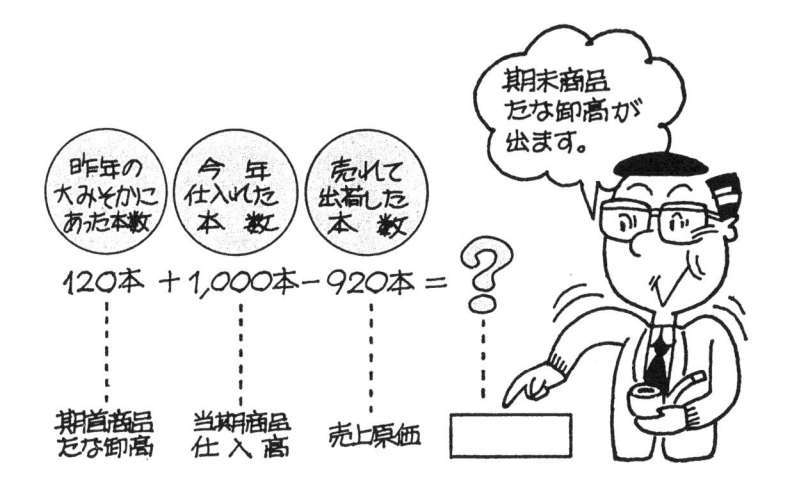

920本です。すなわち,

　　　　120本＋1,000本－　？　＝200本

この算式を思い浮かべて頂ければ，答はすぐはじかれます。

？の答を計算すればよいのです。

答は，920本となるはずです。

もう少し単純に考えてみましょう。

昨年の大みそかには，120本のビールがありました。

今年1年間1,000本のビールを入荷しました。

そして，今年1年間，920本ビールが売れて出ていきました。

今年の大みそかには，何本のビールが残っているのでしょうか。

答は，200本です。

これは，カンタンですね。

すなわち，　　120本＋1,000本－920本＝？

　　　　？は200本となります。

ということは，どの本数を？にしても，？がひとつであれば，このクイズはただちに解くことが可能，だということになります。

つまり，

　　　　Ⓐ＋Ⓑ－Ⓒ＝Ⓓ

という算式を覚えさえすればです。

さて，この算式にネームをつけてみましょう。

　　　Ⓐ期首商品たな卸高

　　　Ⓑ当期商品仕入高

　　　Ⓒ売上原価

　　　Ⓓ期末商品たな卸高

すなわち,

　　　　期首商品たな卸高
　　　　　　（＋）
　　　　当期商品仕入高
　　　　　　（－）

売上原価
　　　（＝）
　　期末商品たな卸高

ということになるのですが，これを渋谷商事の損益計算書と比較すると，ちょっと変だな，ということに気がつかれるのではないでしょうか。

◆**知りたいのは"売上原価"**

　まずは，配列です。
　渋谷商事の損益計算書では，

　　　期首商品たな卸高
　　　　　　（＋）
　　　当期商品仕入高
　　　　　合　計
　　　　　　（－）
　　　期末商品たな卸高

となっており，この答が売上原価となっています。
　つまり，売上原価と期末商品たな卸高との順序が入れ替わっています。
　これは，つぎのようなことを意味します。
　損益計算書は，
　　　売上高
　　　売上原価
　　　　　売上総利益
を求めたいのです。
　知りたいのは売上原価です。
　したがって，売上原価を答とするのです。
　はじめにクイズに出したように，です。
　期首には120本のビールがありました。
　当期1,000本のビールを仕入れました。
　期末には200本のビールが残っていました。

はたして何本ビールが売れたのでしょうか。

こういう思考のプロセスをたどるのです。

売上原価を知りたいがために、この3つの数字を用いる、ということなのです。

◆損益計算書は数字で表す

もうひとつは、数字の単位です。

いままでの酒屋の例は、すべて本数でいきました。

ところが損益計算書というのは、すべて金額です。

売上原価だけを本数で表現するわけにはいきません。

したがって、期首商品たな卸高も、仕入高も、すべて数字で表現します。

期末のビール200本の仕入単価が、たとえば100円であれば、期末商品たな卸高は2万円、損益計算書には、このように記載するのです。

☆

売上原価は、売上高と対応します。

渋谷商事の当期の売上高は、16億円。

売上原価は、9億8,000万円。

すなわち、渋谷商事の倉庫から、毎日毎日、得意先に向けられて出荷していった商品を売値で集計すれば、16億円、買値で集計すれば9億8,000万円です。

そして、これを

　　　　売上高　　　　　　1,600
　　　　売上原価　　　　　 980
　　　　　売上総利益　　　 620

と表現するのです。

26 売上原価は柔軟に動く

> 期末たな卸の計算しだいで、利益の金額が変わる点に着目してください。

売上原価が算出される計算過程を、酒屋さんの場合を例にとって、説明しました。

この売上原価の計算過程をよくよく注意してながめてみると、いろいろ注意すべき事項を発見することができます。

そして、その発見の中から、決算書を読みとるコツ、術といったものが、いやがうえにも浮かび上がってまいります。

損益計算書の売上原価のところと、貸借対照表の流動資産のそれぞれに、あるひとつの共通の数字があるのに、お気づきですか。

渋谷商事の前期の売上原価の欄をみてください。

期末商品たな卸高として1億6,200万円計上されています。

つぎに、前期の貸借対照表の流動資産をみてください。

商品として、同じく1億6,200万円計上されています。

同じ金額です。

でも、よく考えてみれば、これはごく当然のことです。

損益計算書の期末商品たな卸高も、貸借対照表の流動資産に計上されている商品も、いずれも平成N＋1年3月31日、実地にたな卸をした結果の数字を計上しているのですから。

◆当期の数字に注目

つぎは、当期の数字に目を転じてください。

当期の損益計算書の売上原価のところ、期首商品たな卸高の金額を読んでみてください。

前期末のたな卸高1億6,200万円，がそのまま計上されています。

これも，ごく当然の結果です。

前期末は，当期からみれば，当期首なのですから，同じ金額が，こないほうがむしろおかしい，というわけです。

ところで，売上原価を計算する過程を，もう一度，思い出してみましょう。

そして，例のビールの本数をはめこんでみます。

```
    期首商品たな卸高      120本
                          ＋
    当期商品仕入高      1,000本
                          －
    期末商品たな卸高      200本
                          ＝
    売　上　原　価       920本
```

ということでした。

ここで，あるひとつの疑惑がひらめきます。

期末商品たな卸高，です。

もし，200本という本数に間違いがあった場合です。

実地たな卸が入念をきわめれば，まさか数え間違い，というような事態は起こり得ないわけですが，万が一，数え間違い，というようなことがあったとしたら，数字はどう動くでしょうか。

たとえば，本当は200本あったにもかかわらず，片隅にあった50本をついうっかり見逃してしまい，150本として，たな卸をしてしまったというようなケースです。

数字は，つぎのように変わります。

```
    期首商品たな卸高      120本
                          ＋
    当期商品仕入高      1,000本
                          －
    期末商品たな卸高      150本
                          ＝
    売　上　原　価       970本
```

売上原価が970本になってしまいました。当期970本出荷したことになってしまいました。現実には920本の出荷であったにもかかわらず，です。

どうして，こんなことになってしまったのでしょうか。

問題は，50本のカウントもれです。

倉庫の片隅にまだ在庫として残っていたビール50本を落としてしまったからです。

片隅の50本を数え忘れてしまったばかりに，売上原価とされる本数が50本増えてしまったのです。

いいかえれば，片隅の50本は，当期にすでに出荷されたもの，とみなされてしまったのです。

◆含み損益の発生原因

この例は，売上原価の金額とはいったいなんなのか，ということを，はからずも露呈したかたちになりました。

すなわち，売上原価の金額を計算する過程が，期末のたな卸高に依存する以上，

　　　　期末たな卸高がどうなっているか

によって，どちらにでも揺れ動く，という事実を如実に示すことになりました。

つまり，期末のたな卸高が事実通りであればそれでよいわけですが，もし，
事実よりも少なければ，売上原価は，事実よりも増してしまう
事実よりも多ければ，売上原価は，事実よりも減ってしまう
という事態を招くのです。

前者であれば，利益は減ります。

後者であれば，利益は増えます。

もう少し別の表現を用いるならば，前者であれば，**含み益**が発生し，後者であれば**含み損**が発生する，ということになります。

どうしてそうなるのか，読者の皆さん，じっくりお考えください。

倉庫の片隅に，いまだに50本あるにもかかわらず，計算から落としてしまえば，期末の商品たな卸高が事実よりも少なく計上され，その少ない本数がそのまま，貸借対照表の商品に計上されることになります。

さきほどの例でいえば，本来は200本あったビールが，150本としか計算されないこととなります。

　50本は含み益です。

　その逆は，まさしく含み損です。

　200本しかないビールを数え間違えて，250本としてしまえば，貸借対照表には50本分のビールが余分に計上されてしまうこととなります。

　50本というビールは本来ないにもかかわらずです。

◆たな卸金額いかんで揺れ動く

　ただいまの例は，すべて本数で説明しましたが，期末のたな卸の結果いかんにより，売上原価の金額は揺れ動き，貸借対照表に計上される資産の金額も同じく変化する，ということが，この例でご理解頂けたものと思います。

　このようにして，たな卸の金額いかんにより当期の利益と，資産の金額は変わってくるのですが，このことは，当期の数字のみならず，次期の数字にも，もちろん影響を与えることとなります。

　さきほど，前期末のたな卸高はすなわち当期首のたな卸高でもある，といいました。

　となれば，次期にどういう影響を持ちこすか，ということは，おのずからわかります。

　つまり，当期末のビールの本数が本来200本であるにもかかわらず，150本とたな卸されたとします。

　当期末の売上原価は，事実よりも大きくなります。

　そのぶん利益は減ります。

　当期の貸借対照表の商品には含み益が生じます。

　そして次期がきます。

　次期の売上原価は，期首商品たな卸高の計算からスタートします。

　これに，仕入高がプラスされ，期末の商品たな卸高がマイナスされて，次期

の売上原価がはじかれます。

　次期の売上原価は，事実よりも少なくなります。

　なぜなら，期首の商品は，本来200本あったにもかかわらず，計算は150本でスタートしたからです。

　次期の売上原価がなぜ事実よりも減少するのか，ご自分で，ぜひ計算してみてください。

　ご自分で，必ず計算し，確認をして頂きたいと思います。

◆単価の入れ方ひとつでも数字は千変万化

　このように，期末のたな卸の計算いかんで，売上原価の金額，ひいては利益の金額が変わってくるとすれば，どうでしょうか。

　期末商品たな卸高の決め方ひとつで，決算の数字はさまざまに変化する，というヒントの糸口を与えることとなります。

　なにも本数の問題，たな卸洩れだけの問題ではないのです。

　期末商品たな卸高は，

　　　　数量×単価

によってはじかれます。

　ただいまの説明では，数量だけを問題にしましたが，単価の入れ方ひとつをとっても，数字は千変万化します。

27 俗にいう経費とは

経費について、ちょっとふれておきましょう。

売上高というものを考え、そのつぎに売上原価ということについて、詳しい検討を加えてきました。

　　売　上　高
　　売上原価
　　　　　売上総利益

まできたわけです。

　つぎは、販売費及び一般管理費の説明に移ります。

　販売費及び一般管理費を定義すれば、
「商品の販売及び一般管理業務に関して発生したすべての費用」
ということになります。

　かみくだいていえば、いわゆる経費のことです。

　経費といっても、工場関係の経費は、含まれません。

　どんな費用が、販売費及び一般管理費に含まれるのか、渋谷商事のそれぞれの費用を上から下まで、じっくりながめて、理解しておいてください。

☆

　販売費及び一般管理費のなかで、もっとも大きな比重を占めるのは、**人件費**です。

　渋谷商事の場合も、例外ではありません。

　販売費及び一般管理費のうち約47%、およそ半分は人件費です。

　人件費というのが、会社の経営にとっていかに重い負担となっているかが、このことからも読みとれます。

　この点については、別に項を改めて検討することにしましょう。

ところで，最近「ストック・オプション」という言葉をよく耳にします。

ストック・オプションとは，取締役や使用人に対して，自社の株価が上昇したときに，あらかじめ定めた安い価格で買い取ることができる権利を与える制度です。

このストック・オプション制度が，改正商法により一般化されました。

たとえばある公開会社で，取締役に自社株を1株当り，1,000円で1万株購入する権利を与えたとします。

取締役はその後，1株当たり1,500円のとき権利行使（1,000円で購入）したとします。

さらにその後1株当たり2,000円のときに売却したとします。

この取締役の譲渡益は1,000万円になります。

取締役にしてみれば，自社の業績がよくなり，株価が高くなると，結果として自分の財産が増えることになります。

ストック・オプションを与えられた取締役は，自社の業績をよくするために，（結果的には，自分の財産を増やすために）がんばって働くだろう，というわけです。

ストック・オプションという制度を利用することによって，会社としては資金負担をおさえながら，高額の役員報酬の支払いが可能となります。

株価

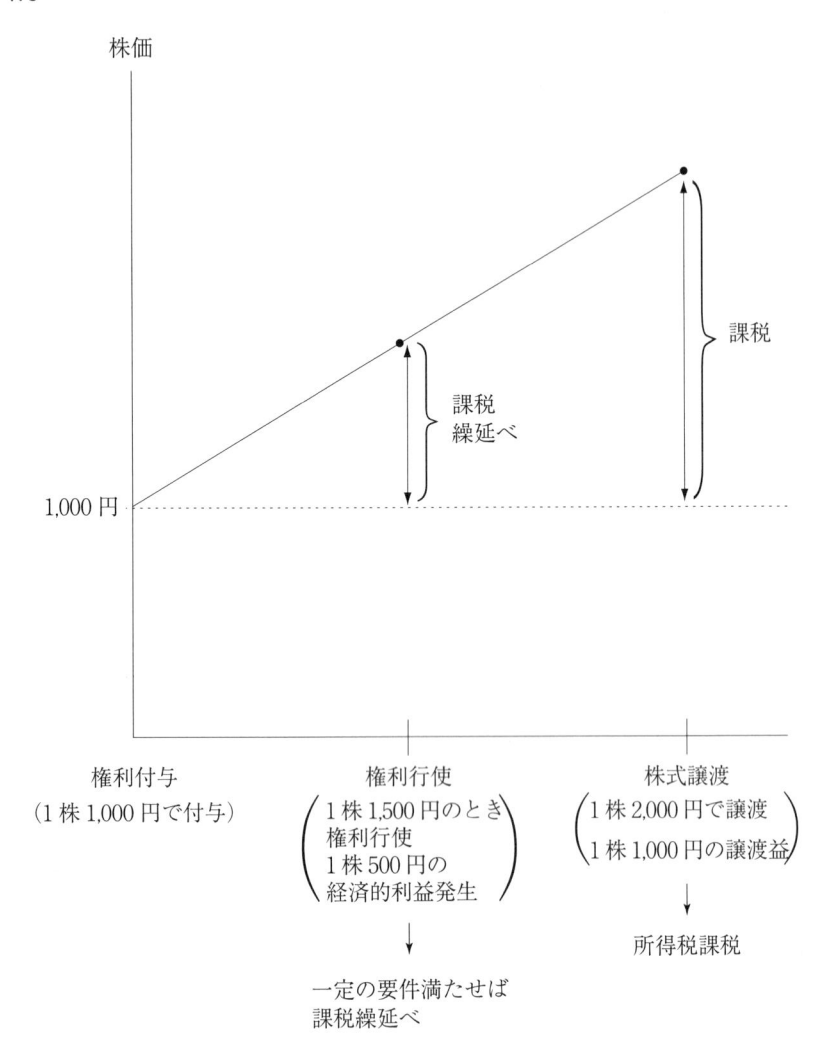

1,000 円 ┈┈┈┈┈┈┈┈┈┈┈┈┈

課税繰延べ

課税

権利付与
(1株1,000円で付与)

権利行使
(1株1,500円のとき
権利行使
1株500円の
経済的利益発生)
↓
一定の要件満たせば
課税繰延べ

株式譲渡
(1株2,000円で譲渡
1株1,000円の譲渡益)
↓
所得税課税

28　交際費はいろいろな科目に散っている

＞＞実際の交際費の額は，損益計算書からストレートに読み取れないのです。

　販売費及び一般管理費のなかで，注目すべき費用は，**交際費**です。

　交際費について，若干説明を加えておきましょう。

◆注目のマト"交際費"

　交際費というのは，会社にとってみれば，人件費や運賃や旅費・交通費などと同様，費用のひとつです。

　会社を滑らかに運営するためには，交際費支出は欠かせない費用です。

　ところが，**交際費は損に落ちない**，という言い方を，しばしば耳にします。

　これはどういうことなのでしょうか。

　実は，損に落ちるとか落ちないとかいう表現は，あくまで法人税法の世界の言葉です。

　この点についても，のちほど項をあらためて説明しますが，とにかく，損に落ちるとか落ちないという表現は，あくまで法人税法上の利益を計算する場合を指すのであって，損益計算書にはまったく関係のないことです。

　たとえば，渋谷商事は，当期4,200万円の交際費を使っています。

　4,200万円の交際費は，渋谷商事にとってみれば，まぎれもなく費用です。

　損に落ちるとか落ちないとかいう以前の問題です。

　そのことは，渋谷商事の営業利益の金額をみればすぐわかります。

　4,200万円という交際費を支出した結果の営業利益が，6,200万円ということになっていることからも明らかです。

◆**法人税法上の交際費とは**

ところが，法人税法は別の見方をします。

4,200万円の交際費のすべてを損としてみてくれないのです。

つぎをごらんください。

これが，法人税法が定める交際費の損金算入限度額です。

〈交際費の損金算入限度額〉
（平成26年4月1日以降に開始した事業年度）
(1)　大会社（(2)以外の会社）　　　　　　　→　「新限度額」
(2)　中小会社（資本金1億円以下の会社で，資本金5億円　　→　「従前限度額」と「新限度額」の選択適用
　　　以上の会社に完全支配されていない会社）

　　　・「従前限度額」……年間800万円までの金額
　　　・「新限度額」………　交際費の額のうち，飲食費の額　×50％

　　　（注）飲食費の額には，専らその会社の役員，従業員等に対する接待等のために支出する費用（社内接待費）は，含みません。

つまり，交際費の支出額が，この限度額を超えてしまうと，法人税の計算のうえでは，その金額は費用とは認めませんよ，というのが，損に落ちる落ちない，という言い方になってあらわれるのです。

この点，誤解のないようにしてください。

ところで，この表をごらんいただいて，オヤと思われる方がいるのではないでしょうか。

資本金が大きい会社は，法人税法が認める交際費の金額は低くなるという点。

つまり，資本金が1億円を超えてしまうと，もはや交際費は，法人税法のうえでは，一銭も費用とならないのです。

これには驚かれたことと思います。

けれども，これは，確かな事実です。

交際費に対する法人税法の厳しく強い態度が，はっきり見えるような気がし

ます。
　交際費について，もうひと言述べておきましょう。
　さきほど，渋谷商事が支出した交際費は4,200万円である，と申し上げました。
　渋谷商事の損益計算書をみる限り，たしかに，交際費の支出金額は4,200万円です。
　けれども，これには，ひとつの落し穴があります。
　法人税法は，交際費という費用の範囲を，かなり幅広く考えています。
　飲み食いの支出だけが，交際費というわけではありません。
　たとえば，会社が，広告宣伝のための費用だと解釈して広告宣伝費として処理したものであっても，税務署から，それは交際費です，といわれて課税の対象にくみ込まれてしまうケースがあります。
　逆に，法人税法のうえでは交際費の課税対象とされることを，会社が重々承知のうえで，あえて，他の費用で処理する，というケースもよくあります。
　法人税法のうえでは，交際費とされるのは間違いないのだけれど，決算書では会議費として処理し，法人税を申告するうえでは交際費の金額にプラスしておこう，と考えるのです。
　これは，決して間違った処理ではありません。
　会社は，会議費と考えるのだけれど，法人税法はこれを認めてはくれないのだから，申告の際には修正しておこう，と考えるのです。
　ということは，会社が支出した交際費の金額というものを，どうとらえたらよいのでしょうか。
　会社が実際に支出した交際費の金額の合計額は，損益計算書に計上されている交際費の金額である，とストレートに断言はできない，ということを意味します。
　会社が支出した真実の交際費の金額は，損益計算書をみるだけでは，わからない，ということを意味します。
　この点，誤解されている向きが多いように思います。

交際費という費用は，実は，販売費及び一般管理費のいろいろな場所に紛れこんでいるかもしれない，ということをお忘れなく（☆12）。

29 未払の経費をしっかり拾っているか

（吹き出し：未払経費を計上せずに，甘い決算を行うケースに注意。）

販売費及び一般管理費，俗にいう経費について注意すべき点を，もうひとつ。

未払経費は，どう扱われるのか，という点です。

たとえば，広告宣伝費です。

渋谷商事は，新製品を大々的に売り出そう，ということで，新たにカタログを印刷しました。

凸凹印刷に5,000部のカタログを発注し，3月上旬に，このカタログを入荷しました。

そして，3月の1カ月間，既存の得意先，新規の得意先かまわず，このカタログをすべてバラまいた，とします。

3月末日は，渋谷商事の決算です。

締め日の関係，凸凹印刷から請求書が届いたのは，4月10日でした。

100万円の請求書が届きました。

はたして，この100万円という広告宣伝費は，今年の3月の決算に織り込むべき費用でしょうか。

☆12　税務統計から見た交際費
　　　「税務統計から見た法人企業の実態」によると，つぎのとおりです。
　　　　1社当りの交際費支出額——1,120千円
　　　　営業収入10万円当りの交際費——226円

それとも，請求書が届いたのは3月過ぎ4月にはいってから，しかも現金を支払ったのは5月に入ってからなのだから，当期の広告宣伝費ではないのでしょうか。
　答は，前者です。
　当期の決算の織り込むのが，スジ道です。
　カタログの印刷，配布という広告宣伝活動は，3月中にすでに完了しています。
　たとえ，現金支払が翌期になったとしても，そのこととは関係ありません。
　3月に商品を仕入れ，4月にその代金を支払ったとしても，3月の仕入は仕入，ということと同じリクツです。
　当期の広告宣伝費として計上するのがスジなのです。
　いわゆる未払の経費が計上されることとなります。

◆未払経費は貸借対照表から判断

　ところがです。すべての会社が，このように未払経費を計上しているのか，といえば，そうではありません。
　会計上，未払経費を計上するのはスジではあるけれども，事務手続のうえでいちいち未払経費を拾いだすのは面倒だ，あるいは，未払経費を計上すると会社の利益は落ち込んでしまう，などの言い訳をして，未払経費を計上しない会社を，かなりみかけます。
　未払経費を計上しない，ということは，すなわち当期の経費を次期にまわす，繰り延べる，ということを意味します。
　渋谷商事の損益計算書をみてください。
　渋谷商事が，はたして，未払経費を計上しているのかどうなのか，この損益計算書をみるだけでは，判断がつきかねます。
　貸借対照表の未払金の個々の内容にまで立入るしか，手はありません。
　もしかりに，未払経費を計上していればよいのですが，かりに，未払経費を

計上していないとすればどうでしょうか。

渋谷商事の経理の方々は、相当苦しい判断を余儀なくされたのではないでしょうか。

未払経費を計上してまで利益を落としたくない事情があったのかもしれません。

30　営業利益がひとつの区切り

（営業活動の成果を示し、会社の利益の中心として重要な意味をもっています。）

売上高から売上原価をマイナスすれば売上総利益です。

いわゆる粗利益が算出されます。

粗利益から、幾多の経費を差し引いた答えは、**営業利益**です。

　　　売　上　高
　　　売　上　原　価
　　　　　　売上総利益
　　　販売費及び一般管理費
　　　　　　営業利益

営業利益まで、たどりつきました。

少しずつ、損益計算書のベールが、はがされつつあります。

◆営業段階での損益の動きをキャッチ

損益計算書がこのようなスタイルをとっている理由は、いろいろ考えられますが、その最大の理由は、なんといっても金融収益や金融費用を加味する前の、いわゆる本業の実力ベースである営業段階での損益の動きを、ここでキャッチ

しておこうという趣旨であろうと思います。

　営業利益という段階をとばしてしまって，このまま，経常利益までつっ走るという方法もないではありませんが，そうすると，経常利益の動きの中に，経費の増減，金融コストの増減というものが混然となって入りこんでしまい，適切な判断を誤らせる結果を招いてしまいます。

　そこで，損益計算書は，一休みして，営業利益という踊り場を設けているのです（☆13）。

図表　売上高営業利益率の推移
財務省「法人企業統計」より

平　成	全企業	製造業	卸売小売業	サービス業
9	2.3	3.5	0.8	2.3
10	1.8	2.5	0.5	1.9
11	2.1	2.9	0.7	2.2
12	2.6	3.8	1.0	2.8
13	2.2	2.7	0.8	3.0
14	2.4	3.2	1.0	2.2
15	2.8	3.9	1.2	2.9
16	3.1	4.5	1.2	3.1
17	3.2	4.5	1.4	2.8
18	3.1	4.7	1.2	2.9
19	3.1	4.5	1.2	3.4
20	1.9	1.5	0.9	3.4
21	2.0	1.5	0.9	2.7
22	2.8	3.2	1.1	3.4
23	2.8	2.8	1.6	4.0
24	2.9	2.9	1.6	4.4

☆13　財務省「法人企業統計」によると，営業利益率は，つぎのとおりです。
　　　　　（全産業）　（製造業）　（卸売・小売業）　（サービス業）

$\dfrac{営業利益}{売上高} \times 100 = 2.8\%$　　2.8%　　　　1.6%　　　　　4.0%

31 注目のマト"経常利益"

（経常的な実力が判定でき，経営者，取引先，金融機関の重大関心事です。）

つぎに，
　　営業外収益
　　営業外費用

に入ります。

◆金融費用は人件費と並ぶ重要な費用

　営業外収益と営業外費用の双方に共通する代表的なものは，金融関係の収益と費用です。

　会社が受取る利息は，営業外収益です。

　会社が受け取る受取配当金も，営業外収益です（☆14）。

　会社が支払う利息は，営業外費用です。

　会社が手形を割引いたときの割引料も，営業外費用です。

　この金融収益と費用，とりわけ**金融費用**というのは，会社にとって，人件費と並ぶ大変重要な費用です。

　金融費用を，どう読むかについては，もう一度項を改めてくわしく検討することにしたいと思います。

☆14　**受取配当の益金不算入という取扱い**

　　受取配当金は営業外収益に計上されます。ところが，**法人税の申告をする際は，収益から除くことができる**，「受取配当金の益金不算入」というありがたい制度があります。もちろん，会社が受け取った配当金を無条件に益金不算入とするわけではなく，かなり複雑な計算をした結果，その一部は益金，残りは益金不算入ということになりますが，法人税法上有名な取扱いですから，覚えておいて損はないと思います。

渋谷商事の営業外収益・費用には，このほか，

　　　雑収入

　　　雑損失

という科目が計上されています。

たとえば，

　　　営業用の自動車を下取りに出したところ多少の利益が出た

　　　遊休地の一部を他社に賃貸し，地代を若干もらっている

このようなものは，通常，雑収入に計上されます。

いっぽう，

　　　会社のクーラーの一部が古くなったので廃棄した

このようなものは，通常，雑損失として，営業外費用に計上されます。

営業外収益・費用についての説明は，とりあえずこんなところでよいと思います。

営業外収益・費用のうち，もっとも大きな比重を占めるのは，なんといっても金利です。

さきほど述べたように，金利の読み方については別にあらためて説明します。

　　1．売　上　高
　　2．売　上　原　価
　　　　　売上総利益
　　3．販売費及び一般管理費
　　　　　営業利益
　　4．営業外収益
　　5．営業外費用
　　　　　経常利益

これで，経常利益までの説明が終わりました。

◆**経営者の最大の関心事"経常利益"**

ところで、ここに、あるひとつのデータがあります。

経営者は、会社の数字のどこにもっとも興味をいだいているのか、注目しているのか、のデータです。

このデータから、経営者が、あるいは世間一般が、会社のいくつかの指標のうち、なにを重視しているかを読みとることができます。

そして、経常利益というものに、いかに大きな関心を寄せられているか、ということに気がつかれると思います。

経常利益というのは、文字通り、**会社の経常的な活動に基づく利益**、ということを意味します。

さきほど、営業利益というものを確認しました。

売上総利益から経費を差し引いた利益、これが営業利益でした。

会社の営業活動に基づく利益が営業利益です。

そして、この営業利益に、受取利息などをプラスし、支払利息などをマイナスした結果の利益が、**経常利益**ということなのです。

金融関係の収益とか費用というのは、たしかに営業活動に基づくものではありませんが、かといって、会社の経営にとっては不可欠の収益であり、費用で

図表　売上高経常利益率の推移
財務省「法人企業統計」より

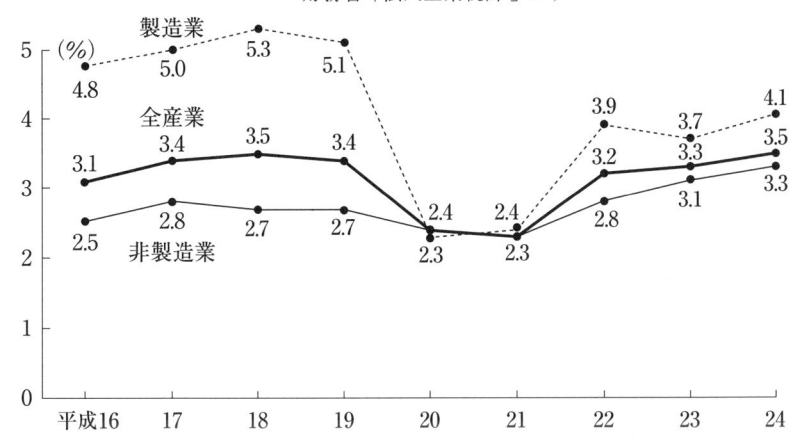

	平成16	17	18	19	20	21	22	23	24
製造業	4.8	5.0	5.3	5.1	2.3	2.3	3.9	3.7	4.1
全産業	3.1	3.4	3.5	3.4	2.4	2.4	3.2	3.3	3.5
非製造業	2.5	2.8	2.7	2.7	2.3	2.3	2.8	3.1	3.3

　まさに，経常的な収益であり，費用です。

　そこで，これらのものを加味したところで，もう一度損益計算書にひと区切りつけよう，それが，経常利益であるわけです。

　この後続く特別利益・損失の内容を，ざっと読み流してみてください。

　渋谷商事の場合，

　　　　有価証券売却益

　　　　固定資産除却損

という項目が並んでいます。

　こういったものは，たしかに会社の利益であり損失であるわけですが，どうみても経常的に発生する収益や費用とは思えません。

　これらのものを加味する前の段階，すなわち，今後も営々と続くであろう会社の経常的な実力をひとまず判定しようではないか，こういう目的が経常利益にはあるのです（☆15）。

　世間一般で，会社の利益という場合，この**経常利益**のことをいいます。

　増収増**益**，増収減**益**，このような表現をよく耳にすることがおありかと思います。

図表　経常利益（対前年度増加率）
財務省「法人企業統計」より

全産業	3.5%
製造業	△6.1%
非製造業	9.0%

ます。

　この益こそが，実は経常利益，のことなのです。

　会社の経営者，取引先，金融機関，そしてマスコミ全般にいたるまで，多くの人々がまず着目するのはこの経常利益なのです。

32　特別利益・損失にはくれぐれも注意

特別利益・損失は，非常に決算対策的色彩が濃く，目を光らせておく必要があります。

特別利益・損失に目を移しましょう。

◆予想外の損益が記載

　それでは，**特別利益・損失**とは，いったいなんでしょうか。
　どんな収益が，どんな費用が，ここに登場するのでしょうか。
　いろいろくどくど説明するよりも，まずなによりさきに，実例を見てみまし

☆15　財務省「法人企業統計」によると，経常利益率は，つぎのとおりです。

(全産業)　　(製造業)　　(卸売・小売業)　　(サービス業)

$\frac{経常利益}{売上高} \times 100 = 3.3\%$　　3.7%　　2.0%　　4.7%

ょう。

　わが国の上場会社が，どんな特別利益を，どんな特別損失を計上しているのか，そこを見ておくのが，近道なような気がします。

　まず特別利益から，
　　　　T社　営業権譲渡益
　　　　D社　固定資産売却益
　　　　M社　貸倒引当金戻入益
　　　　U社　為替換算差益
　　　　A社　前期損益修正益
つぎに特別損失です。
　　　　S社　有価証券評価損
　　　　S社　貸倒損失
　　　　T社　構造改善費用
　　　　I社　関連会社等事業損失
　　　　K社　特別退職損失

　特別利益・損失とはいったいなんなのか，その輪郭が，じわっと浮かび上ってくる気がしませんか。

　今までの収益・費用とは，かなり異質な利益なり，損失が並んでいるとは思いませんか。

　会社の経営というのは，ときとしてドラマチックな局面を迎えます。

　思わぬ収入がころがりこんでくることもあります。

　あるいは，背スジが寒くなるようなアクシデントに遭遇することもないとはいえません。

　予定外の収入というのは，そう毎年毎年やってくるものではありません。

　いやなアクシデントなどは，10年に一度，いや50年に一度もあってほしくはありません。

　このように，会社の経営をおそう予想外の損益，これが特別利益・損失に記載されるのです。

☆

かなりオーバーな説明をいたしましたが，現実には，いろいろな会社の特別利益・損失をみますと，そうドラマチックなものばかり計上されているわけではないのです。

永年勤務してきた役員に支給した退職金

子会社株式の売却益

こういったものについて，特別利益・損失に計上している会社もたくさんあります。

◆子会社株式売却損は特別損失？

営業政策上，このたび子会社の一部を切り離し，独自の経営を展開させることにし，子会社の株式を売却いたしました。

子会社株式を売却したことによってこうむった損失は，500万円。

この子会社株式売却損を除いたところの当期の経常利益は，1,000万円。

こういうケースを仮定してみます。

A社は，この子会社株式売却損を，営業外費用に計上しました。

その結果，A社の経常利益は，500万円となりました。

B社は，この子会社株式売却損を，特別損失に計上しました。

その結果，B社の経常利益は，1,000万円ということになりました。

A社，B社，どちらの選択が正しいのか，このことを問題にしているのではありません。

けれども，会社の判断ひとつにより，会社の真の経営成績を示す経常利益の金額が大きく変わることがおわかり頂けると思います。

◆土地・建物の売却益は特別利益？

さらに，もうひとつ。

ここ2〜3年，輸出の不振が響いて，経営の状況はきわめて芳しくありません。

ジリ貧の一途です。

そこで思いきって工場の一部の土地・建物を売却し，減量経営に踏み切りました。

土地と建物あわせて，幸いにも1億円ほどの利益を得ることができました。

この利益があったお蔭で，当期の税引前利益は，なんとか5,000万円をキープできそうです。

こういうケースを仮定してみます。

A社は，この利益は，まさに臨時的な利益と考え，特別利益としました。

したがって，A社の場合，

経常損失	5,000万円
特別利益	1億円
税引前利益	5,000万円

という損益計算書ができあがりました。

いっぽう，B社です。

B社の経理部の首脳陣は考えました。

せっかく，1億円の利益がでたのだ。

本来は，特別利益にすべきなのだろうけれども，経常利益が赤字になってしまうのはあまりにもみっともないから，営業外収益のところに表示しようではないかと。

B社の損益計算書には，経常利益5,000万円と堂々と記載されました。

営業外収益・費用に特殊な損益項目が含まれていないかどうか，前期比較等によって注意してみる必要があります。

このように営業外収益・費用と特別利益・損失には，さまざまな項目が登場します。

特別利益・損失というのは，決算対策的な色彩が強く表れるところです。

特別利益・損失の個々の内容については、厳しい目を常に光らせておくことが肝心です。

33 最後に税金を差し引く

利益にスライドして税額が差引かれ、いよいよ純利益がでます。

税引前当期純利益までくれば、，損益計算書の最終ゴールは、もう間近です。

経常利益の金額に、特別利益・損失の金額をプラスマイナスすれば、税引前当期純利益が算出されます。

◆利益金額にスライドする法人税と住民税と事業税

会社は、さまざまな税金を負担します。

印紙税、固定資産税など、いろいろあります。

そして、これらの税金は、販売費及び一般管理費に計上されるのがふつうです。

つまり、税金も経費というわけです。

これに対し、法人税（地方法人税含む）や住民税、事業税（地方法人特別税含む）という税金は、これらの税金とは、若干趣を異にします。

法人税や住民税、事業税というのは、会社が計上した利益を税金の対象とします。

土地や家屋などを所有しているだけで課税される固定資産税。

一定の契約書や受取書を作成することによって課税される印紙税。

これらとは、税金がかけられるしくみそのものが異なります。

つまり、法人税や住民税、事業税は利益の金額にスライドする、というわけです。

税引前当期純利益から，法人税・住民税及び事業税がマイナスされるのは，このためです（☆16）。

◆中間申告額プラス未払い額

ここで，未払法人税等のところの説明を思い出してください（☞138頁〜）。

そこでは，法人税や住民税，事業税には，決算期の中間であらかじめ税金を納めておく制度がある，ということを説明しました。

その説明をしっかり思い出してください。

そうすれば，この法人税・住民税及び事業税にはどんな金額が計上されるのかが，おわかり頂けると思います。

ここに計上される法人税・住民税及び事業税には，中間時点で，すでに支払われた税金だけではありません。

また，決算期が終わり，2カ月後（または3カ月後）に納めなければならない，未払いの税金だけが計上されているわけでもありません。

当期の利益が負担すべき，すべての法人税や住民税，事業税が記載されるのです。

すでに納付済みの税金（中間での）
＋
これから納めるべき税金（決算での）

ということです。

この点，誤った解釈をなさらないように。

☆

☆16　**法人税の前払い・源泉所得税**
　　預金の利子や受取配当金には所得税が課税され，支払いを受ける時にマイナスされます。この源泉所得税は，いわば法人税の前払いに相当するものです。

損益計算書のしくみを，ひととおり説明しました。
そして今までは，すべてが利益がでていることを前提にしての話でした。
もしかりに，損がでれば，利益という言葉が，すべて損失という言葉に変わります。

◆当期純利益が会社の純利益

「おたくの会社の純利益は？」という質問があった場合，どう答えますか。
あるいは「税引後の利益は？」という質問をされたらどうでしょうか。
いずれも，当期純利益の金額を答えることになります。
渋谷商事でいえば，「当期2,400万円です」となるわけです。

34 損益計算書を分析する

さて，渋谷商事の損益計算書を分析してみましょう

渋谷商事の損益の状況を分析してみましょう。
まず，198頁のようなフォームを用意します。
項目には，損益計算書の重要項目と，各段階での利益が並んでいます。
1行から13行まであります。
横には，**当期，前期，増減，対前期比**とあります。
当期と前期を比較し，増減高を調べ，比率で比べてみようという狙いです。
表の右上の欄外をごらんください。
数字の単位が記載されています。
渋谷商事の分析に当たっては，百万円単位でみていこうというわけです。

このフォームの目的は，**損益の概況**をつかむことにあります。

木をみて森を見ずという愚は避けようというわけです。

あまり細かい数字を拾っても手間だけかかり，大切な数字を見落としてしまうのがオチですから。

（　）の中の数字は，すべて売上高との比率です。

それでは，さっそく始めましょう。

◆前期と比較してみる

№8をまずごらんください。

渋谷商事の当期の経常利益は8。

前期は84。

76という大幅な減益です。

対前期比にして9.5％。

前期のおよそ10分の1。

ひどい落ち込みです。

どうしてこうなってしまったのでしょうか。

売上高をみてみましょう。

前期に比べると145.5％，すなわち約45％アップです。

こと売上高に関する限りは，文句のつけようがありません。

今の時代で，これだけ成長すれば立派なものです。

にもかかわらず，経常利益は，大幅な落ち込みを示しています。

どうやら，渋谷商事の決算は，典型的な**増収減益決算**となったようです。

◆売上高に比べ売上総利益が伸びていない

売上総利益をみてみましょう。

売上総利益は，絶対額では150の増加。

(単位：百万円)

	項　　　目	当　期	前　期	増　減	対前期比
1	売　上　高	(100.0)	(100.0)		
2	売　上　原　価	(　　)	(　　)		
3	売　上　総　利　益	(　　)	(　　)		
4	販　管　費	(　　)	(　　)		
5	営　業　利　益	(　　)	(　　)		
6	営　業　外　収　益	(　　)	(　　)		
7	営　業　外　費　用	(　　)	(　　)		
8	経　常　利　益	(　　)	(　　)		
9	特　別　利　益	(　　)	(　　)		
10	特　別　損　失	(　　)	(　　)		
11	税　引　前　利　益	(　　)	(　　)		
12	法　人　税　等	(　　)	(　　)		
13	当　期　純　利　益	(　　)	(　　)		

(単位：百万円)

	項　　　目	当　期	前　期	増　減	対前期比
1	売　上　高	1,600 (100.0)	1,100 (100.0)	500	145.5
2	売　上　原　価	980 (61.3)	630 (57.3)	350	155.6
3	売　上　総　利　益	620 (38.8)	470 (42.7)	150	131.9
4	販　管　費	558 (34.9)	380 (34.5)	178	146.8
5	営　業　利　益	62 (3.9)	90 (8.2)	△28	68.9
6	営　業　外　収　益	44 (2.8)	44 (4.0)	0	100.0
7	営　業　外　費　用	98 (6.1)	50 (4.5)	48	196.0
8	経　常　利　益	8 (0.5)	84 (7.6)	△76	9.5
9	特　別　利　益	38 (2.4)	4 (0.4)	34	950.0
10	特　別　損　失	2 (0.1)	4 (0.4)	△2	50.0
11	税　引　前　利　益	44 (2.8)	84 (7.6)	△40	52.4
12	法　人　税　等	20 (1.3)	40 (3.6)	△20	50.0
13	当　期　純　利　益	24 (1.5)	44 (4.0)	△20	54.5

対前期比では，131.9％アップ。

売上が大きく伸びているのですから，売上総利益が増えるのはあたりまえなのですが，売上の伸びと比較すると，伸び率は低いようです。

原因は，売上総利益対売上高の比率，すなわち，**粗利率**にあるようです。

№3のカッコのなかをみてください。

前期の粗利率は42.7％。

当期は38.8％。

3.9％のダウンです。

前期は100円売れば，42円70銭の儲け。

当期は100円の売上に対して38円80銭の儲け，というわけです。

粗利率は低くなっています。

売上総利益の対前期比の伸びが売上高ほどでない原因は，ここにあります。

仕入コストが高くついてしまったかもしれません。

あるいは，拡販のために無理な営業を強いられて，薄利の受注を余儀なくされたのかもしれません。

いずれにせよ，粗利率が低くなったことは事実です。

売上の伸びほど，売上総利益が増えていない原因は，ここにあります。

◆経費急増の原因は？

№4の経費（販管費）をみてみましょう。

前期より178増えました。

対前期比にして46.8％の増です。

売上総利益の増加は150。

経費の増加は178。

したがって，当然，営業利益は減益です。

売上総利益は，経費負担増を吸収できなかったわけです。

そして，問題は，そのつぎです。

営業外費用にも著しい負担増がみられます。

額にして48，比率にしておよそ2倍。

その原因は，なんといっても**金利負担の増加**です。

◆特別損益で経常利益落込みをカバー

No.11の税引前当期純利益をみてください。

当期は，税引前当期純利益の段階でも減益なのですが，減益の度合は，前期の約2分の1となっており，経常利益ほどひどくはありません。

ということは，特別損益で，なんらかのカバーが行われたことになります。

当期の特別利益に38という大きな金額が計上されています。

内容はなんでしょうか。

損益計算書をみてみると，有価証券売却益となっています。

手持ちの有価証券を処分して，利益を計上したようです。

経常活動での大幅な減益を，手持ちの有価証券を処分して，税引前では，2分の1まで食い止めた，という決算政策を読みとることができます。

◆損益状況の分析結果は？

渋谷商事の損益の概況を2期間比較してみて，いろいろなことが浮かび上がってまいりました。

ポイントを要約してみましょう。

まず，売上高が大きく伸びました。

会社の売上スケールは，さらに拡大したことになります。

そのかわり，粗利率が落ち込みました。

無理な受注が多かったのかもしれません。

また経費負担が，じりじりと重くなっています。

大幅な金利増が，そのひとつ。

販売費・一般管理費も増えています。

損益計算書をみてみると，どうやら人件費に問題がありそうな気配です。

ということで，経常利益8は，前期の10分の1と大幅な減益です。

これを，手持ちの有価証券を売却して，税引前の利益では44と，辛うじて前期の2分の1の減益にとどめました。

要約してみると，こういうことではないでしょうか。

☆

渋谷商事の大幅減益の2大原因は，

人件費

金利

この2つにあるようです。

そこで，この2つの費用を，もう少し立ち入って分析し，検討を加えてみることにしましょう。

◆分析結果をもとにした問題点抽出

従業員1人を新たに雇用することによって増加する経費が，給料，賞与だけであると考えるのは早計です。

会社は，社会保険料も負担しなくてはなりませんし，将来の退職金も考えていかねばなりません。

あるデータによると，社員1人にかかる人件費は，給料，賞与を100円とした場合，そのほかに社会保険料など直接的なものだけを合計しても，130円ぐらいになってしまう，という話があります。

したがって，人件費というものは，ある程度広く考えていかねばなりません。

◆人件費増加の原因は？

渋谷商事の人件費を，検討してみましょう。

渋谷商事の場合は，人件費として，

　　　給　料

　　　賞　与

　　　退職金

　　　法定福利費

の４つの合計額としています。

　この内容は，会社によっては，弾力性を持たせてもよいと思います。

　福利厚生費などを人件費とする会社もあるでしょうし，退職金はたしかに人件費ではあるけれども，特別な人件費だけにこの計算からはずして考えてもよいでしょう。

　会社の実情に合わせて，人件費の範囲を線引きすればよいと思います。

　このフォームのポイントは，No.2とNo.4にあります。

　渋谷商事の人件費は，総トータルで，対前期約８割アップと，大きくふくらんでいます。

　No.2に記載したとおりです。

　どうして，こんなに増えてしまったのでしょうか。

　人件費がふくらむ原因は，通常大別して２つあります。

　ひとつは，従業員の増加です。

　新規採用をどんどん行えば，当然人件費はあがります。

　もうひとつは，ベースアップです。

　たとえ，新入社員がゼロであっても，年々のベースアップによって人件費はすこしずつ増えていきます。

　そして，通常は，この２つの要素がからみ合って，人件費の増加ということになるわけです。

(百万円)

	項　　目	当　期	前　期	増　減	対前期比
1	合　計　人　員	134名	118名	16名	113.6
2	人　件　費	262(16.4)	146(13.3)	116	179.5
3	１人当り月間売上高	0.995	0.777	0.218	128.1
4	１人当り月間人件費	0.163	0.103	0.060	158.3
5	１人当り月間経常利益	0.005	0.059	△0.054	8.5

◆１人当りの人件費に注目

　そういう意味で，人件費については，総トータルを比較するだけではなく，かならず，**１人当りの人件費**という比較を常に用意しておく必要があります。

　渋谷商事の人件費は，どうでしょうか。

　まず，大幅に従業員数を増やしていることがうかがえます。

　積極的に人員投資を実行したようです。

　したがってNo.2に示されているように，人件費のトータルも大きくふくらんでいます。

　従来からの社員にも，ベースアップをはずんでいます。

　１人当りでみても人件費は，58％増えているからです。

　１人当りが達成した月間売上高と，月間経常利益を比較してみてください。

　少なくとも，当期の１人当りの稼ぎは，支払った人件費を大きく裏切ったかたちになっています。

　今年採用の新入社員の成長を，来期以降に期待するほかないようですね。

◆金利負担に耐えられるか

損益の概況でみたとおり、渋谷商事の経営悪化の一大原因は、金利です。

渋谷商事の金利負担は、どれだけ重くなってきたのか、つぎの計算をしてさらに深く調べてみることにしましょう。

(百万円)

	項　　　　目	当　期	前　期	増　減	対前期比
1	正　味　支　払　金　利	66 (4.1)	22 (2.0)	44	300.0
2	営業利益に対する正味支払金利の割合	106.5%	24.4%	82.1%	

正味支払金利は、

$$正味支払金利＝支払利息－受取利息・配当金$$

という算式で求めます。

つまり、ネットの金融費用を、まず計算するのです。

渋谷商事の場合、4,400万円の金利支払増、前期の3倍にも達しています。

金利が増えたといっても、それに耐えるだけの利益が計上されていれば、それほど恐れることはありません。

◆金利負担率106.5％！

渋谷商事は、その点、どうなのでしょうか。

No.2は、

　　　営業利益に対する正味支払金利の割合

となっています。

これを、**金利負担率**といいます。

$$金利負担率＝\frac{正味支払金利}{営業利益}\times 100$$

と求めます。

当期の金利負担率は、

$$金利負担率 = \frac{66}{62} \times 100 = 106.5\%$$

というわけです。

この106.5パーセントという当期の数字は，はたして，どんなことを物語っているのでしょうか。

渋谷商事は，営業段階で6,200万円の利益を計上しました。

もしかりに，渋谷商事が，すべて自己資本で営業していたとすれば，6,200万円という営業利益から支払うべき金利は一切ない，ということになります。

6,200万円という利益に，その他の営業外あるいは特別の損益を加減すれば税引前の当期利益となるわけです。

ところが，渋谷商事のみならず，よほど財務内容の優秀なごく一部の会社を除けば，借入金ゼロという会社はそう滅多にはありません。

したがって，営業段階で計上した6,200万円という利益のなかから，金利を負担する，ということになります。

◆営業利益を上回る金利負担

渋谷商事の場合，負担する金利は，6,600万円です。

営業利益で6,200万円を稼いだけれども，そのなかから負担する金利は6,200万円，つまり，営業利益を全部はきだし，さらに400万円不足，という事態であったことを物語ります。

それが，金利負担率106.5%の意味です。

金利負担率が100%ということは，したがって，営業利益をすべて金利ではきだしてしまう，ということを意味します。

100%を超えれば，営業利益を上回る金利というわけです。

渋谷商事の金利は，絶対額が増えたのみならず，利益に対しても，重い負担となってのしかかっていることが，ひしひしと感じられます。

35　もしも別表四をみることができたなら

（法人税は，決算書に大きな影響を与えます。）

この本も，そろそろ終わりに近づきました。

いよいよ最後のヤマ，**法人税の申告書**にさしかかろうとしています。

なにも法人税法の知識を持ち出さずとも，決算書を読破することは可能です。

けれども，この本は，いたるところで法人税法のことについて触れています。

会社の決算の実務においては，法人税法は不可欠の存在であるからです。

法人税法をまったく無視して決算書を作成することは，不可能だといっても過言ではありません。

陰に陽に，法人税法は，決算書に大きなかかわりを与えているのです。

決算書をさらに深く掘り下げるために，今まで再三再四，法人税法を取り上げた理由は，ここにあるのです。

◆利益計上額は同じでも

　　Ａ社　　売上高　　　　　　　１億円
　　　　　　税引後当期利益　　　1,000万円
　　Ｂ社　　売上高　　　　　　　１億円
　　　　　　税引後当期利益　　　1,000万円

　この２社を，比べてみてください。
　Ａ社，Ｂ社の経営成績のどちらかに優劣をつけますか。
　これだけでは，優劣のつけようがありません。
　幸いに，法人税の申告書が手に入りました。
　そして法人税の申告書をみてみると，つぎのようなことが判明しました。
　Ａ社の法人税の申告書には，

　　　　減価償却超過額　　500万円
　　　　貸倒引当金繰入超過額　　300万円

　このようなことが，記入されていたのです。
　ということは，Ａ社が，もし，法人税の規定の範囲内で，減価償却を計算し，貸倒引当金を繰入れていたとすれば，Ａ社の損益は，つぎのようになっていたはずです。

　　　売上高　　１億円
　　　税引後当期利益　　1,800万円

　なぜなら，Ａ社の利益1,000万円は，減価償却費を法人税法が定めた限度を超えて計上し，貸倒引当金を法人税法が認めた限度を超えて繰入れた，その後の利益が1,000万円だったということなのです。
　Ｂ社よりも費用を余分に計上したにもかかわらず，同じ1,000万円という利益を計上したのです。
　ですから，Ｂ社と同じ減価償却費，貸倒引当金繰入であったならば，Ａ社の利益は，1,800万円計上されることになったはずです。

A社とB社の力の差が，法人税申告書を手にしたお蔭で，はからずも露呈されてしまいました。

◆**法人税申告書のエッセンス**

ここに，法人税申告書の「所得の金額の計算に関する明細書」という様式があります。

細かい数字が，ところ狭しと並んでいます。

思わず，辟易される方がおられるのではないでしょうか。

けれども，ここは頑張って，逃げ腰にならないようにしてください。

このフォームを，上から下まで，すべて詳細にみていくわけではないのですから。

このフォームには，長いタイトルがつけられておりますが，通常は，右肩の別表四をとって，申告書**別表四**，と略して呼ばれます。

法人税は，会社の利益に対して課される。

ただし，会社の利益そのものに対しストレートに課税されるのではなく，いくつかの調整を加えた後の利益が課税の対象となる。

これらのことは，折に触れて説明してきました。

その調整を行うのが，この別表四なのです。

法人税の申告書には，このほかいろいろな様式が添付されますが，数ある法人税申告書のなかのエッセンスは，この別表四なのです。

◆**所得金額の計算**

申告書別表四は，タテに1から48まで，ヨコに①から③まであります。

読者のみなさんは，①の行だけ読んでいただければ，十分です。

②，③はとばしてしまいましょう。

1は，損益計算書の当期利益です。

第2章 損益計算書

所得の金額の計算に関する明細書(簡易様式)

別表四(簡易様式) 平二十五・四・一以後終了事業年度分

区分		総額 ①	処分	
			留保 ②	社外流出 ③

区分		総額 円	留保 円	社外流出
	当期利益又は当期欠損の額	1		配当 円 / その他
加算	損金経理をした法人税及び復興特別法人税(附帯税を除く。)	2		
	損金経理をした道府県民税(利子割を除く。)及び市町村民税	3		
	損金経理をした道府県民税利子割額	4		
	損金経理をした納税充当金	5		
	損金経理をした附帯税(利子税を除く。)、加算金、延滞金(延納分を除く。)及び過怠税	6		その他
	減価償却の償却超過額	7		
	役員給与の損金不算入額	8		その他
	交際費等の損金不算入額	9		その他
		10		
	小計	11		
減算	減価償却超過額の当期認容額	12		
	納税充当金から支出した事業税等の金額	13		
	受取配当等の益金不算入額(別表八(一)「15」又は「31」)	14		※
	外国子会社から受ける剰余金の配当等の益金不算入額(別表八(二)「13」)	15		※
	受贈益の益金不算入額	16		※
	適格現物分配に係る益金不算入額	17		※
	法人税等の中間納付額及び過誤納に係る還付金額	18		
	所得税額等及び欠損金の繰戻しによる還付金額等	19		※
		20		
	小計	21		外※
仮計 (1)+(11)-(21)		22		外※
関連者等に係る支払利子等の損金不算入額(別表十七(二の二)「25」)		23		その他
超過利子額の損金算入額(別表十七(二の三)「10」)		24 △		※ △
仮計 (22)から(24)までの計		25		外※
寄附金の損金不算入額(別表十四(二)「24」又は「40」)		26		その他
法人税額から控除される所得税額及び復興特別所得税額(別表六(一)「6の③」+別表六(二)「8」)		30		その他
税額控除の対象となる外国法人税の額(別表六(二の二)「7」)		31		その他
計 (25)+(26)+(30)+(31)		34		外※
契約者配当の益金算入額(別表九(一)「13」)		35		
非適格合併又は残余財産の全部分配等による移転資産等の譲渡利益額又は譲渡損失額		37		※
差引計 (34)+(35)+(37)		38		外※
欠損金又は災害損失金等の当期控除額(別表七(一)「4の計」+別表七(二)「9」若しくは「21」又は別表七(三)「10」)		39 △		※ △
総計 (38)+(39)		40		外※
新鉱床探鉱費又は海外新鉱床探鉱費の特別控除額(別表十「40」)		41 △	△	※ △
残余財産の確定の日の属する事業年度に係る事業税の損金算入額		47 △	△	
所得金額又は欠損金額		48		外※

法 0301-0402

税引後の利益である点にご注意ください。

48が，税務上の利益です。

所得金額といいます。

これが，税務署へ申告している利益の額なのです。

税金の対象になるのは，この48の金額です。

課税の対象になる金額であるという意味から，48の所得金額のことを**課税所得**ともいいます。

課税所得という言葉を，いちどはお聞きになったことがあると思います。

2から47の欄に必要な数字を記入し，1の数字に加算したり減算したりして，48の所得金額を計算するのです。

税金の金額は法人税，住民税，事業税を合計して，48の金額の約40％ぐらいです。

このことは，ぜひ覚えておいてください。

簡単なケースで，別表四の記入を実際に行ってみましょう。

```
                P/L
売    上    高      2,000 円
売    上    原    価    1,500
一  般  管  理  費      300
雑    収    入       10
税 引 前 当 期 純 利 益   210
法人税・住民税及び事業税   100
当  期  純  利  益    110
```

一般管理費のなかに，減価償却費の限度オーバー額が50，交際費の限度オーバー額が10。

同じく，寄付金の限度オーバー額が5。

雑収入のなかに，受取配当金の益金不算入額が8。

この会社の所得金額を，別表四で計算してみましょう（☞212頁）。

アナタも，ぜひ実際に記入してみてください。

まず，損益計算書の税引後の当期利益を，別表四の1に記入します。

税引前ではないことに，ご注意ください。

法人税・住民税及び事業税100は，利益を計算するときマイナスされていますが，これは税務の計算では，マイナスできません。

つまり，経費にならないのです。

利益を増やさなければなりません。

そこで，別表四の5に記入します。

5は，加算の欄です。

減価償却費の限度オーバー額も，会社の損益計算書では一般管理費という経費になっていますが，税務では経費に落ちません。

限度をオーバーしているわけですから。

そこで，7に記入し加算します。

交際費の限度オーバー額も，加算です。

税務上認められる限度額をオーバーしているのですから。

9の欄に記入しましょう。

加算2から10までの小計が11です。

11に記入します。

記入する数字は，160（＝100＋50＋10）です。

減算欄に進みます。

減算欄は，12から20までです。

減算欄の金額が大きければ大きいほど，課税所得は減るわけです。

減算欄は，こういう意味で大切なのです。

減算欄に記入される代表的な例は，**受取配当金**です。

会社の計算では利益だけれども，税金の計算では利益に計上しなくてもかまわない，というウレシい項目なのです。

この会社の受取配当金は，雑収入に含まれています。

したがって利益からマイナスできます。

減算です。

14に記入しましょう。

所得の金額の計算に関する明細書（簡易様式）

別表四（簡易様式） 平二十五・四・一以後終了事業年度分

区分		総額 ①	処分 留保 ②	社外流出 ③
当期利益又は当期欠損の額	1	110		配当 / その他
加算				
損金経理をした法人税及び復興特別法人税（附帯税を除く。）	2			
損金経理をした道府県民税（利子割額を除く。）及び市町村民税	3			
損金経理をした道府県民税利子割額	4			
損金経理をした納税充当金	5	100		
損金経理をした附帯税（利子税を除く。）、加算金、延滞金（延納分を除く。）及び過怠税	6			その他
減価償却の償却超過額	7	50		
役員給与の損金不算入額	8			その他
交際費等の損金不算入額	9	10		その他
	10			
小計	11	160		
減算				
減価償却超過額の当期認容額	12			
納税充当金から支出した事業税等の金額	13			
受取配当等の益金不算入額（別表八(一)「15」又は「31」）	14	8		※
外国子会社から受ける剰余金の配当等の益金不算入額（別表八(二)「13」）	15			※
受贈益の益金不算入額	16			※
適格現物分配に係る益金不算入額	17			※
法人税等の中間納付額及び過誤納に係る還付金額	18			
所得税額等及び欠損金の繰戻しによる還付金額等	19			※
	20			
小計	21	8		外※
仮計 (1)+(11)-(21)	22	262		外※
関連者等に係る支払利子等の損金不算入額（別表十七(二の二)「25」）	23			その他
超過利子額の損金算入額（別表十七(二の三)「10」）	24	△		※ △
仮計 ((22)から(24)までの計)	25	262		外※
寄附金の損金不算入額	26	5		その他
法人税額から控除される所得税額（別表六(一)「6の③」）及び復興特別所得税額（別表六(二)「14の④」）	30			その他
税額控除の対象となる外国法人税の額（別表六(二の二)「7」）	31			その他
合計 (25)+(26)+(30)+(31)	34	267		外※
契約者配当の益金算入額（別表九(一)「13」）	35			
非適格合併又は残余財産の全部分配等による移転資産等の譲渡利益額又は譲渡損失額	37			※
差引計 (34)+(35)+(37)	38	267		外※
欠損金又は災害損失金等の当期控除額（別表七(一)「4の計」＋別表七(二)「9」若しくは「21」又は別表七(三)「10」）	39	△		※ △
総計 (38)+(39)	40	267		外※
新鉱床探鉱費又は海外新鉱床探鉱費の特別控除額（別表十(四)「40」）	41	△		※ △
残余財産の確定の日の属する事業年度に係る事業税の損金算入額	47	△		
所得金額又は欠損金額	48	267		外※

法 0301-0402

21は，減算12から20までの小計です。

22をうめます。

数字は，262＝（110＋160－8）です。

寄付金の限度オーバー額も加算です。

記入する欄は，26に指定されています。

34，38，40，そして最後の48をうめます。

金額は，いずれも267（＝262＋5）です。

つまり，会社の計算では，損益計算書上の税引後の当期利益は110ですが，課税の対象になる利益は267なのです。

この48の欄は，非常に重要な数字です。

人間の健康状態が，体温や血圧に現れるように，会社の経営力は，

$$所得率＝\frac{別表四の48（所得金額）}{売上高}$$

に現れるのです。

償却費や，引当金や，準備金の限度オーバー額も，すべて修正され，どの会社についてもまったく同じ基準で利益が計算されるわけですから，この別表四の38の数字で比較するのがいちばん公平なのです。

◆費用は早め，収益は確実なものを

費用は，なるべく早めに。

収益は，確実なものだけを。

これが，固い決算を組むうえのセオリーです。

費用計上が遅ければ，それだけ，利益はたくさん捻出されます。

けれども，それは捻出されるというだけあって，いずれ近いうちにやがてやってくる決算期に，どっとツケとなって表れてまいります。

収益とて，同じことです。

甘い汁を先に吸えば，のちの楽しみも少なくなります。

1年先の収益をいま先にとり込めば，1年後の決算は苦しいものとなります。
　法人税には，

　　　費用はなるべく遅く

　　　収益はなるべく早く

という思想が，基本的に流れています。

　会社が辛い決算を組めば，法人税申告書別表四に，それが数字となって表れてきます。

　A社の如くです。

　法人税の申告書別表四が手に入れば，決算書のカラクリがさらに興味深く広がっていくことでしょう。

◆ある統計数字

　最後に，ある面白いデータをご紹介しておきましょう。

　国税庁の調査による統計です。

　わが国には，現在，現実に活動している会社が，およそ250万社あります。

　そしてこのうち，別表四のNo.48，すなわち課税所得が0またはマイナスの，いわゆる赤字会社が，なんと，

　　　およそ178万社

実に，わが国の会社のおよそ70％に及びます。

　さらに，です。

　所得率（＝別表四の48÷売上高）をみてみましょう。

　平成24年までの数字ですが，これまでの推移をみてみます。

昭和52年	3.3%		平成7年	3.0%
昭和53年	3.3%		平成8年	3.5%
昭和54年	3.6%		平成9年	3.2%
昭和55年	3.5%		平成10年	3.2%
昭和56年	3.4%		平成11年	3.0%
昭和57年	3.5%		平成12年	3.7%
昭和58年	3.4%		平成13年	3.9%
昭和59年	3.7%		平成14年	3.7%
昭和60年	3.7%		平成15年	3.8%
昭和61年	3.6%		平成16年	4.1%
昭和62年	4.0%		平成17年	4.3%
昭和63年	4.3%		平成18年	4.9%
平成1年	4.4%		平成19年	4.8%
平成2年	4.1%		平成20年	4.2%
平成3年	3.8%		平成21年	4.1%
平成4年	3.4%		平成22年	4.3%
平成5年	3.2%		平成23年	4.4%
平成6年	3.0%		平成24年	4.0%

という傾向を示しています。

　会社の経営というのがいかに大変なものなのか，その実態をはっきりと裏付けたデータであるとは思いませんか。

◆もうひとつの貸借対照表

　法人税申告書のなかに，別表四と並ぶもうひとつの柱，**別表五（一）**という様式があります。

　別表四は，法人税法のいわば**損益計算書**なのですが，別表五（一）は，同様に法人税法の**貸借対照表**とでも申せましょう。

　別表五（一）は，正式には，「利益積立金額の計算に関する明細書」と名付けられています。

　たとえば，当期あらたに200万円の車両を購入した，とします。

業種別の所得率（利益計上法人）

業種	所得率
（業種別）	％
農林水産業	4.8
鉱業	26.3
建設業	3.5
繊維工業	3.8
化学工業	7.5
鉄鋼金属鉱業	4.3
機械工業	4.9
食料品製造業	3.8
出版印刷業	2.9
その他の製造業	6.9
卸売業	2.1
小売業	3.1
料理飲食旅館業	4.2
金融保険業	7.2
不動産業	9.6
運輸通信公益事業	7.1
サービス業	5.9
連結法人	1.9
合計	4.0

法人税法の償却限度は，かりに50万円としておきましょう。

ところが，会社は，当期は積極的に減価償却を実行し，100万円の減価償却費を計上しました。

法人税法の限度額を，50万円超えて償却したわけです。

別表四で，50万円を加算しなければなりません。

ところで，貸借対照表です。

会社の貸借対照表に計上されている車両の金額は，100万円です。

当期100万円減価償却したのですから。

ところが，法人税法のうえではどうでしょうか。

法人税法が認める減価償却費は，50万円です。

したがって，法人税法のうちでは，車両は150万円となっていなければならないはずです。

会社の貸借対照表には100万円，法人税法では150万円，その差額50万円が，

別表五（一）に掲載されるのです。

別表五（一）に，減価償却超過額50万円と記されます。

別表五（一）は，見方を変えれば，会社が今まで積極的に損に落としてきた資産，負債の一覧表，という性格をもっています。

会社の隠された実力が，この別表五（一）を読むことによって，明らかになるケースがしばしばあります。

もし手に入るなら，別表四とともに，別表五（一）もぜひ，お読みください。

クイズ／損益計算書について復習しましょう

　貸借対照表から，損益計算書に目を移し，損益計算書をどう分析するか，と説明を進めてまいりました。

　これで，決算書を読破するための基礎的な術は，すべてお話したつもりです。

　これからのちは，いよいよ読者の方々の1人ひとりの出番です。

　この本でとり入れて頂いた知識を，フルに活かし，実務の現場で思う存分決算書を読みこなして頂きたい，と思います。

　最後に，第1章と同様，第2章の総おさらいをいたしましょう。

　第1章でやったように，クイズを用意しました。

　今まで学んだことを思い出しながら，ぜひご自分で解答して頂きたいと思います。

【問1】損益計算書の構成はつぎのとおりです。

　ところどころが，空白になっています。

　損益計算書の全体像を思い浮かべながら，この空白を埋めて，損益計算書を完成してください。

損益計算書

（自平成××年×月×日　至平成××年×月×日）

1．売　　上　　高	A
2．□□□□□□□	B
売 上 総 利 益	C＝A－B
3．販売費及び一般管理費	D
□□□□□□□	E＝□－D
4．営 業 外 収 益	F
5．営 業 外 費 用	G
□□□□□□□	H＝□＋□－□
6．特　別　利　益	I

7．特　別　損　失　　　　　　　J

　　　[　　　　　　　]　　　　K＝□＋□－□

　　　法人税・住民税及び事業税　L

　　　[　　　　　　　]　　　　M＝□－□

【問2】つぎの文章に○×をつけてください。

（　）① 売上のサイクルは，現金なり手形なりが入金になってこそ，はじめて完了します。

　　　　したがって，未入金のままで，売上を計上することは許されません。

（　）② 期末のたな卸高を甘くすれば，つまり，高目にすれば利益は増えます。

　　　　期末のたな卸高を低く評価すれば，利益は減少します。

（　）③ 交際費は損に落ちません。

　　　　したがって，損に落ちない交際費の金額は，損益計算書に表示されません。

（　）④ 土地を売却した結果の損益は，営業外に発生したものですから，すべて営業外収益・費用に計上記載されます。

（　）⑤ 会社は，さまざまな税金を負担します。

　　　　これらの会社が負担した税金は，すべて一括され，法人税・住民税及び事業税として，税引前当期純利益のつぎに計上されます。

【問3】つぎの算式を完成してみましょう。

① 正味支払金利＝（支払利息）－（受取利息＋[　　]）

② 金利負担率＝$\dfrac{[\qquad\qquad]}{営業利益}\times 100$

☆

正解は，☞221頁にあります。

ご自分の解答と照らし合わせてみてください。

もし万一，間違ってしまったところ，わからなかったところがあれば，本文に戻り，必ず復習しておいていただきたいと思います。

クイズの解答

第1章 〈貸借対照表〉

【問1】 ①○（☞13頁）　②○（☞41頁）　③○（☞46頁）　④×（☞58頁）　⑤×（☞61頁）　⑥×（☞74頁）　⑦×（☞83頁）　⑧○（☞96頁）　⑨○（☞102頁）　⑩○（☞107頁）　⑪×（☞108頁）　⑫×（☞124頁）　⑬×（☞113頁）　⑭○（☞134頁）

【問2】　1　貸借対照表（B／S），損益計算書（P／L），株主資本等変動計算書，個別注記表（☞24頁）

2　流動資産，固定資産，繰延資産（☞39頁）

3　年間売上高（☞51頁）

4　年間売上原価（☞69頁）

5　低価法（☞80頁）

6　有形固定資産，無形固定資産，投資その他の資産（☞87頁）

7　定率法，定額法（☞95頁）

8　電話加入権，借地権（☞110頁）

9　両方とも自己資本（☞128頁）

10　流動負債，固定負債（☞129～130頁）

11　資本金，資本剰余金，利益剰余金（☞139頁）

12　債務超過（☞147頁）

第2章 〈損益計算書〉

【問1】（上から順に）売上原価，営業利益，C，経常利益，E，F，G，税引前当期純利益，H，I，J，当期純利益，K，L

【問2】 ①×（☞162頁）　②○（☞174頁）　③×（☞179頁）　④×（☞193頁）　⑤×（☞196頁）

【問3】　①　配当金（☞204頁）　　②　正味支払金利（☞204頁）

第3章
株主資本等変動計算書を理解する

36 資本金・資本準備金とは

(資本金と資本準備金とは明確に区別します)

株主資本の中のトップバッターは,

資本金

です。

設立または株式の発行に際して,

株主が払い込んだ金額,または,

給付をした財産の額が,

資本金

となります。

ただし,払込みまたは給付の額の2分の1を超えない額は,資本金としないことができます。

この場合,資本金として計上しないこととした額は,

資本準備金

としなければなりません。

たとえば,株式発行（増資）として,株主に1株10万円を払い込んでもらった場合,会社が,資本金とすることができる額は,

5万円から10万円まで（1株当たり）

となります。

逆に,資本準備金とすることができる額は,

5万円以下

となります。

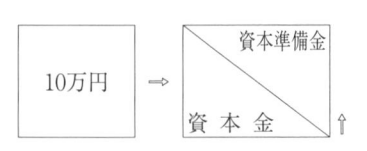

37 剰余金の配当とは

（株主への配当のしかたに注目！）

会社法による株主への配当については，以下のとおりとなります。

会社は，その株主（自己株式を除きます）に対して，

- ・そのつど
- ・**株主総会の決議によって**

剰余金の配当をすることができます。

そのつど，**何回**でも，分配可能額の範囲内であれば，配当をすることができます。

剰余金の分配は，

- ・**株主総会の決議**によって

決定されますが，取締役会設置会社においては，

- ・一事業年度の途中において，1回限り，**取締役会の決議**によって剰余金の配当（金銭配当に限ります。）をすることができる旨を定款に定めていれば，取締役会の決議によってできる

ことになっています。

剰余金の配当は，

- ・金銭だけでなく
- ・金銭以外の財産

ですることができます。

また，会社法では，

- ・純資産額が300万円未満の場合，剰余金の配当はできない

ことになっています。

38 利益準備金とは

会社法上,「準備金」として規定されているのは,

資本準備金
利益準備金

（吹き出し：剰余金の配当の財源をどちらにするかが大切）

の2つです。

会社が，株主に対して，剰余金の配当をする場合には,

① 減少する剰余金の10分の1を資本準備金または利益準備金として計上しなければならない。

② ただし，資本準備金と利益準備金の合計額が，資本金の額の4分の1が限度である。

ということになっています。

資本準備金または利益準備金として計上しなければならない額は，次の算式によって計算することになります。

　㋑　資本準備金の計上額

$$\begin{pmatrix}減少する剰余\\金の10分の1\\相当額\end{pmatrix} \times \frac{\begin{pmatrix}減少するそ\\の他資本剰\\余金の額\end{pmatrix}}{\begin{pmatrix}減少する剰\\余金の額\end{pmatrix}}$$

　㋺　利益準備金の計上額

$$\begin{pmatrix}減少する剰余\\金の10分の1\\相当額\end{pmatrix} \times \frac{\begin{pmatrix}減少するそ\\の他利益剰\\余金の額\end{pmatrix}}{\begin{pmatrix}減少する剰\\余金の額\end{pmatrix}}$$

剰余金の配当の財源は,

　　資本剰余金か

利益剰余金か

ということになります。

その財源によって，

資本準備金か

利益準備金か

を計上しなければならない，ということです。

39 その他利益剰余金とは

その他利益剰余金の区分は，

利益準備金減少差益

別途積立金

繰越利益剰余金

（別途積立金はあくまでも任意です）

など，となります。

(1) 利益準備金減少差益

株式会社が，株主総会の決議によって，利益準備金の額を減少して，資本金に組み入れなかった額は，「利益準備金減少差益」としてその他利益剰余金となります。

(2) 別途積立金

別途積立金は，会社法の規定によってその積立てが強制される利益準備金と同様に，利益を財源とするものですが，法の規定によらず任意に設定されるものです。

すなわち，**任意積立金**，です。

実務上，任意積立金について，このようにその性格を区分することは，さほど意義のあることとは思われませんが，それぞれの内容と具体的な勘定名を例示すると，次のとおりです。

① 目的を定めた任意積立金
　㋐ 積極的積立金
　　積立ての目的となった支出により，資産が増加し，または負債が減少するもの
　　A　事業拡張積立金
　　B　減債積立金　　など
　㋑ 消極的積立金
　　積立ての目的となった支出により，費用の発生または社外流出の発生となるもの
　　A　配当平均積立金
　　B　退職給与積立金
　　C　研究開発積立金　　など
② 目的を定めない任意積立金
　㋐ 別途積立金
　㋑ 特別積立金　　など

(3) 繰越利益剰余金

繰越利益剰余金は，一般的には，

　・当期純利益金額が生じた場合→増加
　・当期純損失金額が生じた場合→減少

することになります。

また，繰越利益剰余金を原資として，配当した場合も，繰越利益剰余金が減少することになります。

40 株主資本等変動計算書のしくみ

株主資本等変動計算書の様式は，次頁のとおりです。

この計算書のしくみは，

　　　横軸──株主資本，評価・換算差額等・新株予約権

　　縦軸──前期末残高，当期変動額，当期末残高

となっています。

　なお，当期変動額は，

　　・**株主資本の項目について，具体的内容で記載する**

　　・**株主資本以外の項目について，変動純額を記載する**

ことになっています。

（吹き出し：計算書のしくみを覚えてください）

株主資本等変動計算書

	株主資本									評価・換算差額等			新株予約権	純資産合計
	資本金	資本剰余金			利益剰余金				自己株式	株主資本合計	その他有価証券評価差額金	評価・換算差額等合計		
		資本準備金	その他資本剰余金	資本剰余金合計	利益準備金	その他利益剰余金		利益剰余金合計						
						別途積立金	繰越利益剰余金							
前期末残高	×× ×	×× ×	×× ×	×× ×	×× ×	×× ×	×× ×	×× ×	△×× ×	×× ×	×× ×	×× ×	×× ×	×× ×
当期変動額														
新株の発行	×× ×	×× ×		×× ×						×× ×				×× ×
剰余金の配当					×× ×		△×× ×	△×× ×		△×× ×				△×× ×
別途積立金の積立て						×× ×	△×× ×							
当期純利益							×× ×	×× ×		×× ×				×× ×
自己株式の取得									△×× ×	△×× ×				△×× ×
株主資本以外の項目の当期変動額（純額）											×× ×	×× ×	×× ×	×× ×
当期変動額合計	×× ×	×× ×	×× ×	×× ×	×× ×	×× ×	×× ×	×× ×	△×× ×	×× ×	×× ×	×× ×	×× ×	×× ×
当期末残高	×× ×	×× ×	×× ×	×× ×	×× ×	×× ×	×× ×	×× ×	△×× ×	×× ×	×× ×	×× ×	×× ×	×× ×

41　株主資本等変動計算書の記入例

株主資本等変動計算書の具体的な事例を，232頁以下に示しました。

（事例）当期変動額
- ① 新株の発行［232頁］
  - 発行額　40,000　　資本金　　　20,000
  - 　　　　　　　　　資本準備金　20,000
- ② 剰余金の配当［233頁］
  - 株主への配当　　　10,000
  - 利益準備金の積立て　1,000
- ③ 別途積立金の積立て　10,000
  - ［234頁］
- ④ 当期純利益　　　　30,000
  - ［235頁］
- ⑤ 自己株式の取得　　　5,000
  - ［236頁］
- ⑥ すべての記入例［237頁］

株主資本等変動計算書　① 新株の発行

	株主資本									純資産合計
	資本金	資本剰余金			利益剰余金				自己株式	株主資本合計
		資本準備金	その他資本剰余金	資本剰余金合計	利益準備金	その他利益剰余金		利益剰余金合計		
						別途積立金	繰越利益剰余金			
前期末残高										
当期変動額										
新株の発行	20,000	20,000		20,000						40,000	40,000
剰余金の配当										
別途積立金の積立て										
当期純利益										
自己株式の取得										
株主資本以外の項目の当期変動額（純額）										
当期変動額合計										
当期末残高										

第3章 株主資本等変動計算書を理解する 233

株主資本等変動計算書 ② 剰余金の配当

	株主資本										純資産合計
	資本金	資本剰余金			利益剰余金				自己株式	株主資本合計	
		資本準備金	その他資本剰余金	資本剰余金合計	利益準備金	その他利益剰余金		利益剰余金合計			
						別途積立金	繰越利益剰余金				
前期末残高											
当期変動額											
新株の発行											
剰余金の配当					1,000		△11,000	△10,000		△10,000	△10,000
別途積立金の積立て											
当期純利益											
自己株式の取得											
株主資本以外の項目の当期変動額（純額）											
当期変動額合計											
当期末残高											

株主資本等変動計算書　③ 別途積立金の積立て

	株主資本										純資産合計
	資本金	資本剰余金			利益剰余金				自己株式	株主資本合計	
		資本準備金	その他資本剰余金	資本剰余金合計	利益準備金	その他利益剰余金		利益剰余金合計			
						別途積立金	繰越利益剰余金				
前期末残高											
当期変動額											
新株の発行											
剰余金の配当											
別途積立金の積立て						10,000	△10,000	0		0	0
当期純利益											
自己株式の取得											
株主資本以外の項目の当期変動額（純額）											
当期変動額合計											
当期末残高											

第3章 株主資本等変動計算書を理解する 235

株主資本等変動計算書 ④ 当期純利益

	株主資本										純資産合計
	資本金	資本剰余金			利益剰余金				自己株式	株主資本合計	
		資本準備金	その他資本剰余金	資本剰余金合計	利益準備金	その他利益剰余金		利益剰余金合計			
						別途積立金	繰越利益剰余金				
前期末残高											
当期変動額											
新株の発行											
剰余金の配当											
別途積立金の積立て											
当期純利益							30,000	30,000		30,000	30,000
自己株式の取得											
株主資本以外の項目の当期変動額（純額）											
当期変動額合計											
当期末残高											

株主資本等変動計算書　⑤　自己株式の取得

	株主資本											純資産合計
	資本金	資本剰余金			利益剰余金					自己株式	株主資本合計	
		資本準備金	その他資本剰余金	資本剰余金合計	利益準備金	その他利益剰余金		利益剰余金合計				
						別途積立金	繰越利益剰余金					
前期末残高												
当期変動額												
新株の発行												
剰余金の配当												
別途積立金の積立て												
当期純利益												
自己株式の取得										△5,000	△5,000	△5,000
株主資本以外の項目の当期変動額（純額）												
当期変動額合計												
当期末残高												

株主資本等変動計算書 ⑥ すべての記入例

	株主資本										純資産合計
	資本金	資本剰余金			利益剰余金				自己株式	株主資本合計	
		資本準備金	その他資本剰余金	資本剰余金合計	利益準備金	その他利益剰余金		利益剰余金合計			
						別途積立金	繰越利益剰余金				
前期末残高	10,000	10,000		10,000	1,000	20,000	30,000	51,000		71,000	71,000
当期変動額											
新株の発行	20,000	20,000		20,000						40,000	40,000
剰余金の配当					1,000		△11,000	△10,000		△10,000	△10,000
別途積立金の積立て						10,000	△10,000	0		0	0
当期純利益							30,000	30,000		30,000	30,000
自己株式の取得									△5,000	△5,000	△5,000
株主資本以外の項目の当期変動額（純額）											
当期変動額合計	20,000	20,000		20,000	1,000	10,000	9,000	20,000	△5,000	55,000	55,000
当期末残高	30,000	30,000		30,000	2,000	30,000	39,000	71,000	△5,000	126,000	126,000

第4章

グローバルスタンダード

42 連結決算

連結制度のポイントをよく覚えてください。

◆連結決算の必要性

　　　　　　　　　　以前の連結財務諸表制度では，個別財務諸表が〈主〉で，連結財務諸表が〈従〉という位置付けでした。

　企業の分社化・グループ化が進んだ現在，個別企業の決算書だけを見ても，その企業の本当の実力はわかりません。

　日本の企業の国際化に伴い，より正確な投資情報の提供が重要となっています。

　つまり，グループ企業全体の財政状態や経営成績を適正に表示した連結財務諸表の開示です。

　平成11年4月1日以後開始する事業年度から，新しい連結制度がスタートしました。

◆連結情報が〈主〉に

　金融商品取引法に基づく有価証券報告書等によるディスクロージャーにおいて，個別情報と連結情報の記載順序が逆転し，さらに，連結情報の充実が図られました。

　資料

　有価証券報告書の様式が下記のように変更され，平成11年4月1日以後開始する事業年度から，新しい様式が適用になりました。
　　　■■■■■の部分が，連結情報です。

〈変更前〉

第一部　企業情報
　第1　会社の概況
　第2　事業の概況
　第3　営業の状況
　第4　設備の状況
　第5　経理の状況
　　1．財務諸表
　　2．主な資産・負債及び収支の内容
　　3．資金収支の状況
　　4．その他
　第6　企業集団等の状況
　　1．企業集団等の概況
　　2．企業集団の状況
　　3．関連当事者との取引
　第7　株式事務の概要
　第8　参考情報
第二部　保証会社等の情報

〈変更後〉

第一部　企業情報
　第1　企業の概況
　第2　事業の概況
　第3　設備の状況
　第4　提出会社の状況
　第5　経理の状況

1．連結財務諸表
　　2．財務諸表
　第6　提出会社の株式事務の概要
　第7　提出会社の参考情報
　第二部　提出会社の保証会社等の情報

◆連結決算のポイント

〈連結決算書〉

　連結決算書では，企業グループ全体をひとつの会社とみなして，企業グループと外部との取引だけを表示し，企業グループ内の取引は表示しません。

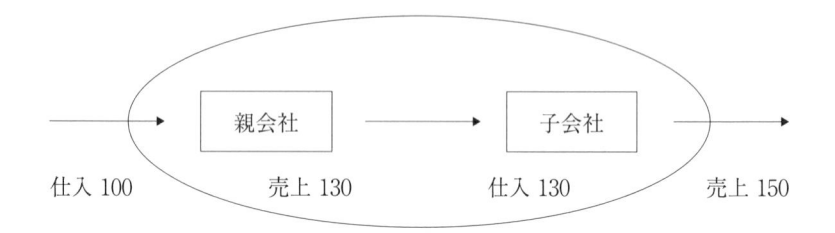

```
    仕入 100    親会社 売上 130 → 仕入 130 子会社    売上 150
```

親会社，子会社それぞれの決算書では，

P/L（親会社）		P/L（子会社）	
売上高	130	売上高	150
売上原価	100	売上原価	130
売上総利益	30	売上総利益	20

となりますが，連結決算書では，次のように表示されます。

P/L（企業グループ）	
売上高	150
売上原価	100
売上総利益	50

〈会計処理の統一〉

　従来は，子会社の会計処理はできるだけ親会社に統一することとされていましたが，新しい連結制度では，原則として，親子会社間の会計処理を統一することとされました。

〈連結決算の対象範囲〉

　連結決算の対象となる企業の範囲は，従来，「持株基準」により判定されていました。

「持株基準」では，
　　議決権を50％超所有している会社を連結決算に取り込む「子会社」とし，
　　議決権を20％以上50％以下所有している会社を「関連会社」としていました。

　新しい連結制度では，「支配力基準・影響力基準」により判定することとなり，連結決算の対象となる企業の範囲が拡大されました。

「支配力基準・影響力基準」では，
　　所有する議決権割合が50％以下でも，実質的にその会社を支配していると判断されれば，「子会社」の範囲に取り込み，
　　関連会社も，同様に，所有する議決権割合が15％以上20％未満の会社でも，一定の要件に該当すれば，関連会社として取り扱われます。

「支配力基準・影響力基準」により，いわゆる「連結はずし」はかなり防ぐことができるようになりました。

　連結子会社と判定された会社は，決算書のすべてが親会社の決算書と合算され，内部取引等が消去されます。

　そして，関連会社と判定された会社は，持分法という方法の対象となります。

　持分法とは，部分連結ともいわれるように，持株比率に応じて，関連会社の損益を比例配分して，連結決算書に反映させる方法です。

　つまり，連結決算において，親会社と子会社は各勘定科目を全面的に合算し

ますが，関連会社は，持分法により，投資会社（親会社）の持分に応じた投資額のみ修正するのです。

43 税効果会計

◆税効果会計の必要性

>税効果会計の対象となる税金，適用される会社を覚えておきましょう。

会社の税金は，企業会計上の利益ではなく，法人税法上の所得金額を基に計算されます。

企業会計上の利益は，

  収益 － 費用 ＝ 利益

法人税法上の所得金額は，

  益金 － 損金 ＝ 所得金額

と計算されます。

このように，企業会計上の利益と法人税法上の所得金額は，同じ金額ではありません。

そのため，決算書において，企業会計上の利益から税法に基づいて計算された税金を控除しても，税引き後の「当期純利益」が会社の業績を適正に表しているとはいえません。

P／L		
：	：	
税引前当期純利益	×××	→ 企業会計上
法人税，住民税及び事業税	×××	→ 税法上
当期純利益	×××	→ 企業会計上？

税効果会計とは，税法に基づいて計算され，実際に支払った税金の金額ではなく，本来支払うべき税金の金額を決算書に表す会計処理をいいます。

税効果会計を適用することにより，決算書において，

   業績判断の指標となる当期利益

   処分可能利益

が正確に表示されることとなります。

◆税効果会計の適用

貸倒引当金を例にします。

企業会計上，

   当期の貸倒引当金繰入額　　　　　50

   当期と翌期の税引前当期純利益　　100

法人税法上の，

   当期の貸倒引当金繰入限度額　　　30

とします。

この場合，税率を40％としますと，当期と翌期の法人税法上の所得金額と税金の計算は次のようになります。

	当　期	翌　期
税引前当期純利益	100	100
〈加算〉		
貸倒引当金繰入超過額	20	
〈減算〉		
貸倒引当金繰入超過額認容		△20
所得金額	120	80
税金	48	32

当期，法人税法上の貸倒引当金の繰入限度額は30でしたが，会社の決算では50を繰り入れました。

そのため，当期の法人税法上の所得金額を計算する上では，上記のように，

貸倒引当金繰入超過額20を損金不算入として，所得金額に加算します。

そして，この加算された20に対しても，当期に税金がかかります。

一方，翌期においては，当期に計上された貸倒引当金50が取り崩され，収益に計上されます。

したがって，当期に損金不算入となった貸倒引当金繰入超過額20は，翌期の所得金額を計算する上では，益金不算入となり，所得金額から減算されます。

税効果会計を適用しない損益計算書では，次のようになります。

当期のP/L		翌期のP/L	
：	：	：	：
税引前当期純利益	100	税引前当期純利益	100
法人税，住民税及び事業税	△48	法人税，住民税及び事業税	△32
当期純利益	52	当期純利益	68

このように，当期と翌期で税引前利益が同額であっても，当期利益の金額が同額ではなくなってしまいます。

つまり，法人税法上の繰入限度額を超えて貸倒引当金を計上した場合には，企業会計上，当期において翌期分の税金の前払いが発生したことになるのです。

そこで，税効果会計では，翌期において回収される税金は，当期においては税金の前払いであると考えて，損益計算書には，企業会計上本来支払うべき税金の金額を計上します。

したがって，当期において所得金額に加算され，翌期においては所得金額から減算される20に対する税金8（20×40％＝8）を損益計算書で調整します。

税効果会計を適用すると損益計算書は，次のようになります。

当期のP/L		翌期のP/L	
：	：	：	：
税引前当期純利益	100	税引前当期純利益	100
法人税，住民税及び事業税	△48	法人税，住民税及び事業税	△32
法人税等調整額	8	法人税等調整額	△8
当期純利益	60	当期純利益	60

このように，税効果会計を適用しますと，税金が適切に期間配分され，より

適正な当期利益が損益計算書に表示されます。

なお，当期の法人税等調整額8は，貸借対照表において，

   繰延税金資産 8

として，資産の部に計上されます。

◆税効果会計の対象

 企業会計上の利益と法人税法上の所得金額との差異が生ずる原因には，次の二つのケースがあります。

 まず，ひとつは，

   一時差異

といわれるケースです。

 これは，企業会計上の収益・費用と，法人税法上の益金・損金の考え方は同じであるが，認識するタイミングが異なることによる差異です。

 もうひとつは，

   永久差異

といわれるケースです。

 これは，企業会計上の収益・費用と，法人税法上の益金・損金の考え方が異なることによる差異です。

 これらの差異のうち，**一時差異が税効果会計の対象**となります。

 税効果会計は，企業会計上の利益と，法人税法上の所得金額について，

  差異が生じたときに，「法人税，住民税及び事業税」を調整し，

  差異が解消したときに，「法人税，住民税及び事業税」を調整する

という会計処理技術なのです。

 税効果会計とは，

  企業会計上の収益・費用と法人税法上の益金・損金の認識時期の差によって生じる「税金の前払い」「税金の繰延べ」を決算書に表す会計処理

をいいます。

そして，貸借対照表においては，
　　　税金の前払いは，繰延税金資産
　　　税金の繰延べは，繰延税金負債
として，表示されます。

◆税効果会計の対象となる税金

税効果会計の対象となる税金は，
　　　法人税
　　　住民税
　　　事業税
の3つの税金です。
　税効果会計の対象となる項目に，これらの税率を乗じて，
　　　税金の前払いに相当する金額
　　　税金の繰延べに相当する金額
を計算し，これらの税金を期間配分することになります。

◆税効果会計が適用される会社

　金融商品取引法が適用される株式の公開会社では，平成12年3月期から，
　　　個別財務諸表と連結財務諸表
において，税効果会計の適用が強制されています。
　また，平成13年3月期からは，
　　　中間財務諸表と連結中間財務諸表
においても，税効果会計の適用が強制されています。
　これに対して，金融商品取引法が適用されない株式を公開していない会社については，税効果会計の適用は強制されていません。
　しかし，税効果会計の適用が義務づけられていない会社についても，税効果

会計を適用することができるため，積極的に税効果会計を適用すべきであると考えます。

44 キャッシュ・フロー計算書

（キャッシュは事実であり，唯一無二であることを覚えておきましょう。）

◆キャッシュ・フロー計算書の必要性

"Cash is reality. Profit is a matter of opinion." という名言があります。

「利益」は，その国の会計基準やその会社が採用している会計方針に従って計算するとこうなる，という意見を述べているにすぎません。

つまり，「利益」は会計基準や会計方針の違いで異なってくるということです。

これに対して，「キャッシュ」は事実であり，唯一無二です。

こういった理由から，グローバル・スタンダードでは，キャッシュ・フローが重要視されてきました。

企業の事業活動に伴うキャッシュの動きをとらえて，その収支を表すキャッシュ・フロー計算書は，貸借対照表や損益計算書だけでは把握しきれない，企業の経営活動の実態を表します。

そこで，日本においても，新しい会計基準として，キャッシュ・フロー計算書を取り入れることになりました。

◆キャッシュとは何か

キャッシュ・フローとは，「キャッシュの流れ」のことをいい，

どのくらいの「キャッシュ」が会社に流入し，

どのくらいの「キャッシュ」が会社から流出したか，

ということです。

キャッシュ・フロー計算書は，事業活動に伴うキャッシュの動きをすべてとらえて，活動別にキャッシュの収支を表します。

この場合のキャッシュとは，

現金及び現金同等物

をいい，次のようなものが含まれます。

① 現金

手元現金と要求払預金（当座預金，普通預金，通知預金など）

② 現金同等物

容易に換金が可能で価格変動リスクが僅少な短期投資

（取得日から満期・償還日までの期間が3カ月以内の定期預金，譲渡性預金，コマーシャル・ペーパー，買現先，公社債投資信託など）

◆**事業活動別のキャッシュ・フロー**

キャッシュ・フロー計算書は，

営業活動によるキャッシュ・フロー

投資活動によるキャッシュ・フロー

財務活動によるキャッシュ・フロー

の3つに区分して表示されます。

1．営業活動によるキャッシュ・フロー

これは，その会社の主たる営業活動から生ずるキャッシュ・フローで，次の項目から構成されています。

①営業損益計算の対象となる取引によるキャッシュ・フロー

売上高，売上原価，販売費及び一般管理費に含まれる取引によるキャッシュ・フローです。

②営業活動に係る債権・債務から生ずるキャッシュ・フロー

この項目には，

受取手形の割引や売上債権のファクタリングによる収入

営業活動から生じた破産債権・更生債権や償却済債権の回収

などが該当します。

③投資活動および財務活動以外の取引によるキャッシュ・フロー

この項目には，

災害による保険金収入

損害賠償金の支払

多額の退職金の支払

取引先からの前受金や営業保証金の収入

取引先への前渡金や営業保証金の収入

などが該当します。

④法人税等の支払によるキャッシュ・フロー

法人税等には，

法人税

住民税

事業税

が含まれます。

「法人税等支払額」として，一括記載されます。

2．投資活動によるキャッシュ・フロー

これは，将来の利益獲得や資金運用のための，投資活動から生ずるキャッシュ・フローで，設備投資や有価証券への投資などがあります。

固定資産の取得・売却，資金の貸付・回収，株式の取得・売却などがこれに該当します。

設備投資を積極的に行っている会社や，成長過程にある会社などは，一般的に投資キャッシュ・フローはマイナスになります。

そして，営業活動によるキャッシュ・フローに，投資活動によるキャッシュ・フローを加えて，

　　　フリー・キャッシュ・フロー

といいます。

これは，会社の主たる営業活動から生じたキャッシュ・フローから，必要な設備投資のためのキャッシュの支出を差し引いたもので，このフリー・キャッシュ・フローがマイナスになると，金融機関から借り入れするなど資金調達をしなければなりません。

このフリー・キャッシュ・フローは，その金額を会社の経営目標に掲げる会社が増えており，また，株式市場においても投資判断の指標となるなど，最近注目されています。

　3．財務活動によるキャッシュ・フロー

　　　これは，営業活動や投資活動を維持するための資金調達または返済によるキャッシュ・フローです。

　　　借入れ，社債の発行，増資などの資金調達，借入れの返済，社債の償還などが該当します。

　　　株主に対して支払う配当金も，これに含まれます。

　　　財務活動によるキャッシュ・フローは，フリー・キャッシュ・フローの過不足を調整します。

◆キャッシュ・フロー計算書の表示方法

営業活動によるキャッシュ・フローの表示方法には，
　　　直接法

間接法

の2通りの方法があり，会社はいずれかの方法を選択し，毎期継続して適用します。

①直接法

　営業収入，原材料や商品の仕入れ，人件費の支払いなど，主要な項目ごとに，収入と支出を総額表示する方法です。

　この方法によると，主要な項目が総額で表示されるため，収入と支出の規模が項目ごとにわかるのが特長です。

②間接法

　税引前当期純利益に，

　　非資金損益項目（減価償却費や引当金など，損益計算では費用になるがキャッシュ・フローを伴わない項目）

　　営業活動に係る資産と負債の増減

　　投資活動および財務活動によるキャッシュ・フローに関連して発生した損益項目（固定資産売却損益や投資有価証券売却損益など）

などを，加減算して，営業活動によるキャッシュ・フローを導き出します。

　この方法は，損益とキャッシュ・フローの関係が明瞭にわかるのが特長です。

　なお，受取利息と支払利息については，相殺せずに総額表示します。

　また，投資活動および財務活動によるキャッシュ・フローについても，原則として，総額表示することになっています。

◆**キャッシュ・フロー計算書の開示**

　金融商品取引法が適用される会社では，
　　連結キャッシュ・フロー計算書
　　　（平成11年4月1日以後開始する事業年度から）
　　中間連結キャッシュ・フロー計算書

（参考１）直接法による表示

Ⅰ　営業活動によるキャッシュ・フロー	
営業収入	×××
原材料又は商品の仕入支出	－×××
人件費支出	－×××
その他の営業支出	－×××
小計	×××
利息及び配当金の受取額	×××
利息の支払額	－×××
損害賠償金の支払額	－×××
………	×××
法人税等の支払額	－×××
営業活動によるキャッシュ・フロー	×××
Ⅱ　投資活動によるキャッシュ・フロー	
有価証券の取得による支出	－×××
有価証券の売却による収入	×××
有形固定資産の取得による支出	－×××
有形固定資産の売却による収入	×××
投資有価証券の取得による支出	－×××
投資有価証券の売却による収入	×××
貸付けによる支出	－×××
貸付金の回収による収入	×××
………	×××
投資活動によるキャッシュ・フロー	×××
Ⅲ　財務活動によるキャッシュ・フロー	
短期借入れによる収入	×××
短期借入金の返済による支出	－×××
長期借入れによる収入	×××
長期借入金の返済による支出	－×××
社債の発行による収入	×××
社債の償還による支出	－×××
株式の発行による収入	×××
自己株式の取得による支出	－×××
配当金の支払額	－×××
………	×××
財務活動によるキャッシュ・フロー	×××
Ⅳ　現金及び現金同等物に係る換算差額	×××
Ⅴ　現金及び現金同等物の増加額	×××
Ⅵ　現金及び現金同等物期首残高	×××
Ⅶ　現金及び現金同等物期末残高	×××

（参考２）間接法による表示

Ⅰ 営業活動によるキャッシュ・フロー
　　　　税金等調整前当期純利益　　　　　×××
　　　　減価償却費　　　　　　　　　　　×××
　　　　貸倒引当金の増加額　　　　　　　×××
　　　　受取利息及び受取配当金　　　　 －×××
　　　　支払利息　　　　　　　　　　　　×××
　　　　有形固定資産売却益　　　　　　 －×××
　　　　損害賠償損失　　　　　　　　　　×××
　　　　売上債権の増加額　　　　　　　 －×××
　　　　たな卸資産の減少額　　　　　　 －×××
　　　　仕入債務の減少額　　　　　　　 －×××
　　　　………　　　　　　　　　　　　　×××
　　　　　小計　　　　　　　　　　　　 －×××
　　　　利息及び配当金の受取額　　　　　×××
　　　　利息の支払額　　　　　　　　　 －×××
　　　　損害賠償金の支払額　　　　　　 －×××
　　　　………　　　　　　　　　　　　　×××
　　　　法人税等の支払額　　　　　　　 －×××
　　　　営業活動によるキャッシュ・フロー　×××
Ⅱ 投資活動によるキャッシュ・フロー
　　　　　　　　　　　　　　　（参考１と同じ）
Ⅲ 財務活動によるキャッシュ・フロー
　　　　　　　　　　　　　　　（参考１と同じ）
Ⅳ 現金及び現金同等物に係る換算差額　　×××
Ⅴ 現金及び現金同等物の増加額　　　　　×××
Ⅵ 現金及び現金同等物期首残高　　　　　×××
Ⅶ 現金及び現金同等物期末残高　　　　　×××

　（平成12年４月１日以後開始する事業年度から）の開示が必要になりました。

　また，連結財務諸表を作成しない場合には，個別ベースのキャッシュ・フロー計算書や中間キャッシュ・フロー計算書を開示することになります。

45　時価会計

> 「時価会計」の適用により、「含み」が排除されます。

◆時価会計の導入

　平成11年1月22日に企業会計審議会から、「金融商品に係る会計基準の設定に関する意見書」が公表されました。
　これは、金融商品について、「時価会計」を導入するというものです。
　従来の日本の会計制度では、貸借対照表に計上されるさまざまな資産の金額は、その資産を会社が取得した時の価額、つまり、取得価額とすることが原則でした。
　これを、取得原価主義といいます。
　しかし、金融商品について、資産の評価を時価で行う、「時価会計」が導入されました。
　金融商品取引法の適用会社では、平成12年4月1日以降開始する事業年度から、「時価会計」が適用されています。
　そして、このような状況のもとで、商法も改正され、企業の資産状況を適正に表示するとともに、国際的な会計基準との調和を図るために、市場価格がある金銭債権、社債、株式等については、時価主義により時価評価することができることとされました。
　「時価会計」の導入により、貸借対照表から「含み」が排除されます。
　これにより、決算書の信頼性と会社間の比較可能性が確保されるのです。

46　研究開発費の会計処理

> 研究開発費は，繰延資産ではなく費用として処理されます。

　平成10年3月に，企業会計審議会が，「研究開発費等に係る会計基準の設定に関する意見書」を公表いたしました。

　以前は，「試験研究費」「開発費」は，会社の選択により，繰延資産または一時の費用，どちらの会計処理でも採用することができました。

　新技術や新製品の研究開発のために支出する費用については，それが実際に商用化されて収益を上げるまでは効果が現れません。

　そのため，これらの費用は，典型的な繰延資産でした。

　しかし，研究開発費が将来本当に収益を生み出すか否かは不明のため，資産価値に疑問があり，また，新技術へのキャッチアップの短期化，商品ライフサイクルの短期化などにより，一時の費用として処理することになりました。

　つまり，従来の試験研究費のすべてと開発費の一部は，繰延資産として資産計上するのではなく，それらの費用が発生した事業年度に全額費用として処理するのです。

　国際会計基準においても，研究開発費は資産と認めず，全額費用処理されています。

　日本では，株式の公開会社については，平成11年4月1日以降開始の事業年度から，この処理が強制されています。

　これにより，会社による会計処理の選択が認められなくなるため，会社間の比較が可能になりました。

47　退職給付会計

◆退職給付会計とは

退職金には，一時金・年金の2種類があります。

これらを，合わせて退職給付といいます。

退職給付会計が導入される前の日本の会計制度では，退職一時金と退職年金は別々の会計処理が行われていました。

そして，これらの債務の額も，決算書からは読み取ることができませんでした。

そのため，退職給付会計は，退職一時金と退職年金の会計処理を退職給付として統一し，退職給付債務を決算書上で明らかにすることを目的として導入されました。

◆退職一時金

退職給付会計が導入される前から，会社は退職一時金の支給に備えて，退職給与引当金を設定しています。

しかし，退職給与引当金の計算にはさまざまな方法があるため，会社ごとの比較が容易ではありません。

しかも，これらの方法のうちには，実際には大幅に積立て不足となっているものも多く，会社の債務の実態を，決算書において適正に開示していません。

◆退職年金

　退職年金とは，厚生年金基金や適格退職年金など，社外で積み立てる企業年金をいいます。

　そして，従来の企業年金は，「確定給付型」（将来支払われる金額が確定しているもの）がほとんどでした。

　そのため，年金資産の運用利回りの低下により，将来の支払いに必要な年金資産の積み立て不足が問題となっています。

　その不足を補うために，会社は追加の払込みを求められたりするなど，会社の財政状況を悪化させるおそれがあります。

　そのため，企業年金にかかる情報開示についても，求められるようになりました。

◆退職給付会計の計算

　まず，退職給付債務を計算しますが，退職給付債務は，

　「従業員ごとに将来の退職給付額を見積もり，そのうち，現在までに発生し
　　ていると認められる分を計算し，その金額を現在価値に割り引く」

ことにより，求められます。

　この退職給付債務の金額と，積み立てられている年金資産を時価評価した金額との差額が，退職給付引当金となります。

　そして，この退職給付引当金と，これまで企業が計上してきた退職給与引当金との差額が積立て不足額です。

　退職給付会計の導入により，企業の退職給付債務の実態が決算書から読み取れるようになりました。

〈著者略歴〉

齊藤　幸司（さいとう　こうじ）

昭和22年生。同44年日本大学商学部卒業。同48年税理士登録。現在，税理士齊藤幸司事務所所長。著書『法人税入門の入門』，『相続税・贈与税入門の入門』（いずれも税務研究会），『税務数表』（ぎょうせい），『会社法にもとづく決算書の読み方』（新日本法規出版）

税理士齊籐幸司事務所　横浜市都筑区中川中央1-39-37-406

第十一版
決算書読破術
数字の裏に潜むカラクリを見ぬき企業の将来を洞察する　　〈検印省略〉

1982年5月8日　初版発行	1995年7月7日　6訂版発行
21刷　1985年1月10日	5刷　1996年9月17日
1985年4月20日　新訂版発行	1998年6月1日　第八版発行
21刷　1988年1月19日	5刷　1999年3月25日
1988年3月23日　2訂版発行	1999年12月1日　第九版発行
17刷　1990年5月28日	7刷　2001年11月9日
1990年7月26日　3訂版発行	2005年1月7日　第十版発行
6刷　1991年1月21日	3刷　2006年5月22日
1991年4月1日　4訂版発行	2007年10月9日　第十一版発行
8刷　1992年3月4日	1刷　2007年10月9日
1992年5月27日　5訂版発行	7刷　2017年9月4日
14刷　1994年10月7日	

著　者　齊藤　幸司

発行者　土師　清次郎

発行所　株式会社　銀行研修社

東京都豊島区北大塚3丁目10番5号
電　話　東京03（3949）4101（代表）
振　替・00120-4-8604
郵便番号170-8460

印刷／新灯印刷株式会社　製本／株式会社常川製本　ISBN978-4-7657-4234-4　C2033
落丁・乱丁本はおとりかえ致します。2007© 齊藤　幸司　Printed in Japan
★　定価はカバーに表示してあります。

謹告　本書の全部または一部の複写，複製，転記載および磁気または光記録媒体への入力等は法律で禁じられています。これらの許諾については弊社・社長室（TEL 03-3949-4150 直通）までご照会ください。

銀行研修社の好評図書ご案内

第二版 融資業務超入門
久田 友彦 著

A5判・並製・276頁
定価：2,095円＋税
ISBN978-4-7657-4268-9

本書は融資業務の最も重要な点を、最も平易に解説した、まさしく"超"入門書です。融資・渉外の初心者はもちろん、役席・中堅クラスには指導手引書として欠かせない1冊です。

第二版 中小企業財務の見方超入門
久田 友彦 著

A5判・並製・278頁
定価：2,000円＋税
ISBN978-4-7657-4240-5

本書は金融機関の渉外担当者が"まず、知っておかなければならない"中小企業の財務の見方のノウハウを示した基本書です。

第三版 融資業務180基礎知識
融資業務研究会 編

A5判・並製・352頁
定価：2,300円＋税
ISBN978-4-7657-4339-6

本書は、融資業務の遂行にあたって必要な必須知識を融資の5原則から与信判断、貸付実行、事後管理に至るまで体系的にまとめ、渉外・融資担当者が必要なときに即検索できるよう項目ごとに編集しました。特に初めて融資業務に携わる方には必携といえる1冊です。

融資担当者のキャリアアップのための 融資審査演習教本
石原 泰弘 編著

B5判・並製・232頁
定価：2,300円＋税
ISBN978-4-7657-4330-3

本書は、融資申込から与信判断までの事例を取り上げ、実践的な審査の応用力を身に付けることができます。融資担当者、役席者の融資判断パワーアップ養成に最適な書です。

第二版 最新 図版・イラストでみる決算書分析ABC
新日本監査法人 著

A5判・並製・304頁
定価：2,095円＋税
ISBN978-4-7657-4237-5

決算書の勘定科目数字は企業の財務状況のほか、企業自体の業況を表しています。本書は、決算書がまったくわからない初心者にもすぐ活用できるように、100の勘定科目のしくみと見方を解説し、決算書分析の勘どころをまとめました。

第二版 最新 図版・イラストでみる財務分析ABC
和井内 清 著／山坂 サダオ 絵

A5判・並製・304頁
定価：2,000円＋税
ISBN978-4-7657-4120-6

与信判断に欠かせない財務分析の比率や算式を体系的に学習できるよう構成した基本書です。「最新版」への改訂では、企業の実態判断をする際に特に重要になっている「キャッシュフロー分析」に関する財務諸表につき新章を設けて詳しく解説しました。これからの財務分析能力習得のための決定版として、お勧めいたします。

第二版 図解 超わかるキャッシュフロー
都井 清史 著

A5判・並製・224頁
定価：1,900円＋税
ISBN978-4-7657-4310-5

本書は、初版同様、図表をふんだんに用い、キャッシュ・フローをはじめて学ぶ人を対象にわかりやすくまとめた、格好の入門書です。

融資渉外に強くなる法律知識
大平 正 編著

A5判・並製・320頁
定価：2,300円＋税
ISBN978-4-7657-4380-8

融資を増やし、融資後の債権管理を的確に行うには、融資に関する法律知識を習得することが必須です。本書は、取引先から信頼される担当者となるために必要な法律知識を、簡単に検索できるよう項目別に整理しやすく解説した、融資渉外担当者の基本必携書です。

▶最寄の書店で品切れの際は、小社へ直接お申込ください。

銀行研修社の好評図書ご案内

事業性評価につながる ベテラン融資マンの渉外術
寺岡 雅顕／楫野 哲彦／樽谷 祐一 共著

A5判・並製・240頁
定価：2,130円＋税
ISBN978-4-7657-4541-3

渉外活動に求められる「基礎」「決算書速読」「訪問時の観察」「課題把握」等の実務のすべてを学ぶことができます。元大手地銀融資渉外のベテランが、事業性評価に向けた渉外活動を実現するためのノウハウを分かりやすく記述した1冊です。

融資のイロハを分かりやすく手ほどき ベテラン融資マンの知恵袋
寺岡 雅顕 著

A5判・並製・256頁
定価：2,200円＋税
ISBN978-4-7657-4422-5

本書は、永年地域金融機関の融資の第一線で活躍してきた"ベテラン融資マン"が、初めて融資に携わる方を対象に、「これさえ読めばとりあえず融資の実務で困らない」基礎知識を易しく解説した、融資の入門書としての決定版です。

企業観相術
依馬 安邦 著

A5判・並製・208頁
定価：1,809円＋税
ISBN978-4-7657-4272-6

財務データや書類だけにとらわれず、担当者自身の五感を活用することによって企業の真の姿を見極め、的確な信用判定につなぐ力が身につく、融資担当者必携の書です。

事例にみる 融資ネタ発見の着眼点
林 弘明／石田 泰一 著

A5判・並製・164頁
定価：1,759円＋税
ISBN978-4-7657-4449-2

現在の資金需要不足の環境における担当者の経験不足に鑑み、長年実務に携わった融資のプロが手掛けた案件をパターン化し、ケーススタディで解説しました。本書により、案件化の実践手法が身に付き、パターンの応用で融資セールスの実績向上が狙えます。

第二版 保証協会保証付融資取扱Q&A
全国信用保証協会連合会 編著

A5判・並製・304頁
定価：2,222円＋税
ISBN978-4-7657-4531-4

基本的な信用保証制度の内容、実務上押さえるべき必須事項をQ&A式で1冊に集大成しました。初版刊行より改定された保証制度・新保証制度等を網羅した、営業店融資・渉外担当者の実務必携書です。

第五版 貸出稟議書の作り方と見方
銀行研修社 編

A5判・並製・248頁
定価：2,200円＋税
ISBN978-4-7657-4365-5

①貸出案件の採上げから貸出実行まで実務処理に即しての留意点、②稟議項目および稟議書付属書類の具体的作成方法、③稟議書の実際例から「良い稟議書」の記述方法、④貸出稟議書を通して的確に判断できる「技」と「眼」を養成する記載内容のチェック方法等について、基礎から実践レベルまでの内容を解説した基本書です。

第十一版 決算書読破術
齋藤幸司 著

A5判・並製・268頁
定価：2,190円＋税
ISBN978-4-7657-4234-4

本書は、多数の企業の決算処理を受け持っている著者が、決算書を素材に具体例を挙げ、易しく解説した1冊です。研修テキストや初心者の入門書・ベテランの復習におすすめです。

税務申告書読破術
税理士法人平成会計社 編著

A5判・並製・192頁
定価：2,130円＋税
ISBN978-4-7657-4439-3

本書は、税務申告書チェックの前提となる決算書の見方と税務申告書の見方を基本に、地方税申告書の見方を加え、最近営業店に問われる「課題解決型営業」の着眼点を税務申告書からつかむ方法等を解説しました。

▶最寄の書店で品切れの際は、小社へ直接お申込ください。

銀行研修社の好評図書ご案内

民法改正と金融実務Q＆A

A5判・並製・208頁
定価：1,759円＋税
ISBN978-4-7657-4553-6

岩田合同法律事務所 編著

民法の大改正について金融実務のジャンル別に変更点を解説しているので、実際に携わっている業務への影響を理解するのに役立ちます。営業店担当者向けに改正ポイントをＱ＆Ａでまとめた実務参考書です。

女性営業渉外の育成法

A5判・並製・160頁
定価：1,574円＋税
ISBN978-4-7657-4552-9

三菱ＵＦＪリサーチ＆コンサルティング㈱　川井 栄一／植月 彩織 著

支店長研修・女性行職員研修等を行う著者が、実際に研修会の場で拾い集めた「女性部下育成の悩み」「女性の営業渉外業務への不安」に対する解消法をまとめました。女性の営業力を上手に引き出すための着眼点が満載です。

ソリューション営業のすすめ方

A5判・並製・192頁
定価：1,759円＋税
ISBN978-4-7657-4551-2

竹内 心作 著

ソリューション提案・提供による担当者と取引先企業の信頼関係向上、課題解決による企業活動の活性化、資金需要の増加を実現する上での第一歩となる「ソリューション営業」のノウハウを極力分かりやすく解説しました。他金融機関の担当者との「差別化」を実現するための一冊です。

金融機関店周の開業支援便覧

A5判・並製・272頁
定価：2,315円＋税
ISBN978-4-7657-4514-7

銀行研修社 編

新規事業者の開拓では、開業手続・売上管理・従業員対策等の相談への対処や、業界の見通し・立地条件・開業費用・必要売上高を吟味する力が必要です。
本書は、店周にある116業種の開業に際して、当該企業の将来性の検証に資する必須情報を盛り込みました。

地銀・信金のためのＭ＆Ａによる顧客開拓

A5判・並製・272頁
定価：2,222円＋税
ISBN978-4-7657-4490-4

湊 雄二 著

本書は地域金融機関がＭ＆Ａ業務を推進し、顧客開拓を図る際の具体的実務指針となることを目的に、事業承継型Ｍ＆Ａを円滑に進めるための具体的実務の要点を解説しました。難解な用語や表現を用いない具体的かつ平易な解説は、法人営業のベテランから若手までが使えるＭ＆Ａ業務必携書といえます。

銀行不祥事の落とし穴

B6判・並製・208頁
定価：1,524円＋税
ISBN978-4-7657-4283-2

井上 享 著

本書は、実際に発生した不祥事件を再現することで、その発生原因や背景、動機、環境などを浮き上がらせた金融機関経営幹部や管理者の必読書です。

銀行不祥事の落とし穴 第2巻

B6判・並製・224頁
定価：1,600円＋税
ISBN978-4-7657-4341-9

井上 享 著

本書は、13のドラマで事件の初期段階、更に深みに入っていく段階、もう後戻りが出来ない段階が描かれており、初期段階で食い止めることが職場責任者に求められます。金融機関役員、部店長、課長クラスの必読書です。

これで完璧相続実務

A5判・並製・384頁
定価：2,600円＋税
ISBN978-4-7657-4452-2

瀬戸 祐典 著

本書は、相続取引に求められる広範な知識、実務のポイントを分かりやすく解説した決定版です。豊富な図解やケーススタディーで丁寧に解説しているので、初心者の方でもすぐに理解できます。

▶最寄の書店で品切れの際は、小社へ直接お申込ください。